Rudy Namtel

SIGNALE

Erzählung

edition compact

Bibliografische Information der Deutschen Nationalbibliothek:
Die Deutsche Nationalbibliothek verzeichnet diese Publikation in
der Deutschen Nationalbibliografie, detaillierte Daten sind im
Internet über http://dnb.dnb.de abrufbar.

Impressum

© 2012 -2014 All Rights Reserved
Rudy Namtel: *Signale*
(ungekürzte edition compact)
1. Auflage (Okt 2014)
Text: © Rudy Namtel
Bildmaterial: © Rudy Namtel

Herstellung und Verlag:
BoD - Books on Demand, Norderstedt

ISBN 978-3-7386-0396-5

Was passiert?

2

Am Lagerfeuer

Lagerfeuer haben etwas unwiderstehlich Faszinierendes. Sie kennen das? Schon als kleiner Junge blickte ich voller Ergriffenheit im Zeltlager in den aufstiebenden Funkenflug vor dem tiefdunklen Nachthimmel auf dem Weg zu den Sternen. Selbst Ängste konnte ich dabei vergessen. So schlich ich mich gern während des mir zugeteilten Nacht-Wachdienstes ... - Ja, so war das damals; es konnten ja Jungen aus anderen Zeltlagern kommend sich im Schutze der Dunkelheit anschleichen und uns überfallen; so sagte man es uns zumindest. - ... also, während meiner Wache schlich ich mich gern an das noch brennende Lagerfeuer, auch um mich zu wärmen, aber vor allem, um meine Angstgefühle, von denen ich mich nie ganz befreien konnte, zu verdrängen und mich der Geborgenheit des Knisterns und Funkenfliegens anzuvertrauen.

Und in gemeinsamen Runden, eng gescharrt um das Feuer, waren die Zungen gelöster als sonst. Zum Singen zur Klampfe oder zum Erzählen mehr oder weniger schauriger Geschichten. Das Feuer vereinte. Und schützte.

So ging es mir auch, als ich größer wurde. Erwachsen wurde? Ich weiß nicht, ab wann man erwachsen ist. Ist man es jemals? Ach, ich schweife ab. Jedenfalls ertappe ich mich auch in gesetzteren Jahren dabei, am Lagerfeuer sitzend einen Anflug von kindlichem Gemüt an den Tag zu legen. Ungewollt. Die abendliche Stimmung zieht mich knisternd in ihren Bann.

Aber ich schweife wieder ab. Die Faszination des Lagerfeuers verleitet dazu abzuschweifen. Stimmt's? Die Welt wird in gemeinsamer Runde weiter, größer. Jeder hat seinen Himmelsschweif, über den er berichten kann. Oder alte Geschichten, die er irgendwo zwischen Himmel und Erde oder zwischen Kindheit und Erwachsensein erlebt hat. Man sitzt vor dem Feuer, starrt in die Glut und hört seinem Nachbarn zu oder erzählt selbst ausschweifend über Erlebtes. Und während des Zuhörens verschwimmt das flackernde Rot, und das geistige Auge formt Bilder aus dem Gehörten und versetzt dich in ferne Welten.

In einer solchen Lagerfeuerrunde vor vielen Jahren gab ein mir bis dahin unbekannter Mensch seine Reiseerfahrungen durch Südost-Europa zum Besten. Er berichtete über Erlebnisse und Menschen, die er unterwegs kennengelernt hatte, ja sogar über sein

Liebesleben während oder infolge seiner Reise. Ein Lagerfeuer lässt frei erzählen. Und wahrlich in andere oder anderer Welten eintauchen. Und ganz besonders in einer Runde von Motorradfahrern. Ich höre gern solche Geschichten. Und als ich diesem Menschen so zuhörte, wurde ich geistiger Teil seiner Erzählungen. Als wäre ich dabei gewesen. Später erwuchs in mir der Wunsch, seine Erlebnisse aufzuschreiben. Aber man schreibt ja nicht so einfach die Erlebnisse eines anderen Menschen auf. Oder darf man das? Und ich wollte ja auch nicht über diesen Menschen schreiben. Denn man konnte wahrlich nicht sagen, dass er als Person interessant war. Warum also über ihn schreiben? Berichtenswert waren aber die Menschen, denen er begegnete. Und die Erfahrungen, die er mit ihnen machte. Hätte jemand anderes solche Erfahrungen machen können? Ja, ich war mir ganz sicher, dass das so sein konnte. Und ich wusste bald auch, wer.

Ich erfand ein junges Studentenpaar – wie geschaffen für diese Reise. Und vor allem für diese Begegnungen. Ach, ich erfand eine ganze Straße, in der dieses Paar wohnt, mitsamt allen Nachbarn.

Und ich änderte Personennamen der anderen beteiligten Personen – zumindest den einen oder anderen. Man weiß ja nie, ob nicht irgendein Leser auf den verrückten Gedanken kommt, sich mit der Geschichte unterm Arm auf die Suche nach einem der Charaktere zu machen, trotz der mittlerweile langen Zeit dazwischen. Ach, Sie finden das abwegig? Da haben Sie wohl Recht. Aber daran können Sie sehen, wie mich meine Fantasie bestimmen kann. Und obwohl ich diesen Menschen in den kommenden Jahren wohl nicht begegnen werde, wäre es mir doch peinlich, wenn ...

Aber ich schweife schon wieder ab. Wir waren ja bei der Straße. Eine Wohnstraße irgendwo zentral gelegen in einer deutschen Universitätsstadt. Vor meinem geistigen Auge könnte sie zum Beispiel in Bonn liegen, irgendwo links oder rechts der Argelanderstraße. Oder in Wiesbaden. Ach nein, Wiesbaden hat ja keine Uni. Aber optisch wäre es schon nicht schlecht.

Oder noch besser, Sie suchen sich selbst eine solche Stadt aus. Marburg? Münster? Heidelberg? Oder eine andere? Sie bestimmen selbst.

Sie haben gewählt? In Ordnung. Dann steht unserer Reise nichts mehr im Wege. Ach ja, bleibt mir nur noch zu ergänzen, dass eine solche Geschichte beim Niederschreiben durchaus hier und da eine Eigendynamik entwickelte, die nicht vorhersehbar war und den Pfad der Lagerfeuergeschichte in ganz andere Bahnen lenkte. Die Reise verlief für das Studentenpaar nämlich gänzlich ungeplant, nicht nur der Reisestart. Nun ja, ich gebe zu, die Ereignisse überraschten sogar mich.

Doch zurück zu unserer Wohnstraße. Sie sind bereit? Unsere Geschichte kann beginnen ...

Der Mann im Fenster

Die warmen Sonnenstrahlen belebten die Straße. Der vom vorangegangenen Regenschauer feuchte Asphalt glitzerte in diesem hellen Morgenlicht. Feine, weiße Dampfschwaden lösten sich vom Grund und tanzten über ihn hinweg. Ein leichter, kaum spürbarer Luftzug schob sie von der anderen Straßenseite herüber. Und mit ihm kroch der kräftige, aufmunternde Geruch zum Leben erwachender Pflanzen, ausschlagender Bäume und Sträucher herüber, ein Duft, den die Sinne sofort mit dem hellen Grün junger Knospen verbinden.

Stolz erstrahlten die Hausfassaden vis-a-vis. Das alte, kunstvolle Gemäuer mit seinen verspielten Ornamenten, den hohen Fenstern und den so viel Gemütlichkeit versprechenden Erkern ragte stolz hinter den Vorgärten empor. Fünfzehn, zwanzig Häuser wie das Spalier einer altersschwachen Garde, wenn nicht die Jugend ihnen neues Leben eingehaucht hätte. Helle, warme Pastellanstriche hatten die Kälte der Mauern schon seit Jahren vertrieben. Sie zogen das Licht an - und damit die Blicke der Menschen. Erst in diesem Farbenspiel der Fassaden wurde in den feinen Konturen der Fensterfassungen und den kunstvollen Verzierungen der Balkone die Vielfalt der baulichen Ideen, die Einzigartigkeit eines jeden Hauses fühlbar.

Hermann hockte wie nahezu jeden Tag an seinem geöffneten Fenster. Er war bald siebzig. Sicherlich ein wenig übergewichtig. Doch seine in Falten gelegten Wangen ließen darauf schließen, dass er irgendwann einmal sehr viel schwerer gewesen sein mochte. Seine Haut war hell. Trotz seines Alters schien sie weich. In krassem Gegensatz dazu sein angegrautes, mittellanges, dickes, etwas kratzbürstig wirkendes Haar. Seine verschränkten, ihn abstützenden Arme ruhten in einem handgearbeiteten, blauen Kissen, das irgendwann einmal ein Sofa geschmückt haben mag. In leicht zerschlissenem Zustand lag es nun auf der Fensterbank, seinem neuen tagtäglichen Stammplatz. So thronte Hermann zwei Meter über dem Gehweg und beobachtete die zum Leben erwachte Straße.

Es mochte halb acht sein. Aus den Fenstern umliegender Häuser klangen Stimmen an sein Ohr, das Johlen spielender Kinder, der Aufschrei einer Frau, das Aufschlagen und Zerspringen einer Tasse, das Geschepper blecherner Töpfe. Ein Wecker rasselte - um diese Zeit! Aus irgendwelchen Radiolautsprechern plärrte Popmusik.

Negermusik.

Türen schlagen. Schritte halten in den Hauseingängen.

»Guten Morgen, Hermann!«

Ein hagerer, kleiner Mann blickte zu Hermann herauf. Er mochte an die Achtzig sein. Das Alter hatte sein Gesicht gezeichnet, seinen Körper gebeugt, sodass es ihm offensichtlich nicht leicht fiel, zu dem Fenster hinaufzuschauen. Seinen linken Arm hatte er nach hinten abgewinkelt, und seinen Handrücken hielt er in sein Kreuz gedrückt. Sein weißes, kurzgeschnittenes Haar war fast gänzlich von einem dunklen, breitkrempigen Hut bedeckt.

»Guten Morgen, Franz!«, kam die Erwiderung. »Es scheint, jetzt haben wir's geschafft; jetzt ist der Sommer da, he?«

Ein breites Grinsen zog sich über Hermanns Gesicht und schob die Augen zu munteren Kügelchen zusammen. Zwischen den Lippen schimmerten vereinzelt seine noch verbliebenen Zähne durch. Viele waren es nicht mehr. Weiß Gott nicht! Sein Grinsen ging über in ein herzliches Lachen. Sein gewichtiger Körper tanzte in leichten Schüttelbewegungen. Die Sonne schien auch seine Lebensfreude endgültig vom Winterschlaf erweckt zu haben.

Franz antwortete nicht. Doch sein Gesicht hellte sich auf. Sein ernster, müder Ausdruck zerfloss in einem milden Lächeln, Hermanns Heiterkeit war übergesprungen. Er wandte das Gesicht schräg nach rechts oben, die Schultern folgten dieser Drehbewegung. So gelang es ihm, ein wenig mühsam seine Augen zum Himmel zu richten. Sein Blick ruhte eine kurze Weile auf dem strahlenden Blau. Dann wandte er sich lächelnd wieder Hermann zu.

»Da fühl ich mich doch wieder wie ein junger Spund, he? Ach ja, man müsste nochmal zwanzig sein, ...«

Er zwinkerte mit den Augen.

»Ich schau auf dem Rückweg wieder vorbei.«

»Grüß Karl und Heinrich von mir, wenn du sie siehst«, verabschiedete sich Hermann und hob die Hand zum flüchtigen Gruß. Er wusste, Franz und die anderen trafen sich häufig im nahegelegenen Park. Er schaute ihm noch eine Weile nach. Früher war er selbst oft dabei gewesen, damals, als Lisa noch lebte. Aber seit einigen Jahren machten seine Beine nicht mehr so richtig mit. Das Gehen fiel ihm schwer, und so beschränkte er sich auf einige wenige Spaziergänge im Monat. Und seit Lisas Tod vor eineinhalb Jahren verließ er seine Mietwohnung, den Ort, den er über zwanzig Jahre mit ihr geteilt hatte, nur noch zu dringend notwendigen Einkäufen und Behördengängen.

Vor langer Zeit, ein Jahr vor Kriegsbeginn, hatten sie geheiratet - damals, er und sie Ende Zwanzig. Der Krieg, die Trennung, die Gefangenschaft, der Hunger, der Wiederaufbau, das Wirtschaftswunder - gemeinsam hatten sie sich durchgeboxt. Damals wuchsen sie zusammen. Und ließen sich nie los. Später zogen sie in dieses Haus. Gemeinsam. Bis vor eineinhalb Jahren ...

In diesen Räumen lebte sie weiter, die Zeit ›davor‹. ›Ihr‹ Bett war gemacht, der Wohnraum fein hergerichtet, die Kissen auf dem Sofa waren säuberlich in der Mitte eingedrückt, die Bilder hingen an ihren angestammten Plätzen, neue waren nicht hinzugekommen.

Doch mied Hermann nicht die Welt. Dann und wann an seinem Fenster sitzend hielt er Kontakt zu den Menschen in der Straße. Eigentlich war der jetzt sogar besser als früher. Von seinem Platz aus beobachtete Hermann jede Einzelheit im Geschehen draußen, sah die Autos vorbeifahren, hörte das Klingeln der Radfahrer, erfreute sich am Anblick der Blumen, spielte in Gedanken mit den Kindern drüben zwischen den Sträuchern, lachte über die Ungeschicklichkeit des Studenten Peter bei Reparaturversuchen an seiner uralten, schrottreifen Ente, plauderte mit vorbeigehenden Nachbarn, erfuhr Neustes und teilte Neuigkeiten mit. Und die Menschen in der Straße schwatzten gern mit ihm, über dieses und jenes, über Belangloses und Tiefgründiges. Und Peters Freund Hansjürgen fand durch Hermanns Hilfe ein Zimmer zwei Häuser weiter; Peter hatte Hermann einfach einmal so gefragt, ob er niemanden wüsste, der gerade ein Zimmer zu vermieten hätte, und Hermann wusste.

So gehörte der Alte in seinem Fenster nun so fest zur Straße und ihrem Leben wie der Laden von Frau Pörschke an der Ecke ein paar Schritte entfernt - wenn nicht sogar noch fester.

Eine Frau mittleren Alters verließ das Haus und wandte sich direkt an Hermann.

»Guten Morgen, Herr Breuner!«

»Guten Morgen, Frau Michalek! Ich hab schon alles aufgeschrieben. Ein halbes Brot, einen Liter Milch, ein Viertel Käse, ein halbes Pfund Salz.«

Er reichte der Frau einen kleinen Zettel.

»Soll ich Ihnen noch eine Tasche mitgeben?«

»Nein, schon gut, Herr Breuner. Ich muss heute nicht sehr viel für uns einholen. Mein Netz ist ausreichend.«

Frau Michalek wohnte mit ihrem Mann und den beiden Kindern im zweiten Stock. Seit Lisas Tod nahm sie Hermann doch so manchen Weg ab. Es machte ihr nicht viel aus, und sie tat es gern.

»Aber sagen Sie mal, war das gestern Abend nicht schrecklich?«

Hermann verstand nicht so recht und sah sie ein wenig verwirrt und fragend an.

»Na diese nerv tötende Dudelei von gegenüber. Die machen aus unserer Straße ja noch einen orientalischen Basar!«

Ach so, das meinte sie. In einem der Häuser auf der anderen Straßenseite wohnten seit geraumer Zeit zwei oder drei türkische Familien. Gastarbeiter. An manchen Tagen tönen die orientalischen Klänge türkischer Musik aus den Fenstern herüber, jene für unsere Ohren so monotone Tonfolgen.

Katzenmusik.

Jeden Tag sah Hermann die Männer mit ihren großen, schwarzen Schnurrbärten nachmittags heimkommen. Abends standen sie dann häufig vor dem Haus an den Zaun gelehnt oder saßen auf der kleinen Mauer, im Gespräch mit anderen Türken aus der Umgebung, die typischen filterlosen Zigaretten mal in den Fingern spielerisch drehend, mal lässig in einem Mundwinkel hängend rauchend. Manchmal auch einfach Menschen beobachtend. Die Frauen sah man selten. ›Nicht schad' drum‹, dachte Hermann und hatte dabei ihre Röcke und Kopftücher aus bunten, billigen Stoffen vor Augen. Fremde Erscheinungen. Er kannte wohl jeden in der

Straße, nur nicht die von da drüben. Die benahmen sich so anders, lungerten so auf der Straße herum, kleideten sich so fremd. Und die Kinder mit ihren kurzgeschorenen Haaren, laut lärmend, herumbalgend, heruntergekommen gekleidet! Und derer gleich so viele! Doch andererseits, was soll's, dachte Hermann, die sind unter sich und lassen uns ansonsten in Ruhe.

»Ist mir gar nicht aufgefallen, Frau Michalek.« Seine Antwort entsprach den Tatsachen.

»Ja, Herr Breuner, die Welt ändert sich. Und nicht zum Besseren. Früher gab es so etwas nicht.«

Auf der anderen Straßenseite fing Hansjürgen die letzten Sätze auf. Er war kurz zuvor aus einem der gegenüberliegenden Häuser gekommen - noch recht verschlafen - und wollte gerade seinen alten VW-Bus aufsperren. Sein Gruß unterbrach das Gespräch der beiden Älteren. Nun, eigentlich keine wirkliche Unterbrechung - wortlos hob er nur lässig den rechten Arm, das war so seine Art. Hermann blickte kurz hinüber, lächelte, erwiderte den Gruß in dergleichen Weise und wandte sich nach einem kurzen Augenblick wieder Frau Michalek zu.

Wenige Augenblicke später ging Frau Michalek zügig die Straße hinunter.

Christine

Der warme Wind fing sich in ihren langen, blonden, dünnen Haaren. Unterstützt durch ihren wippenden Gang tanzten sie munter hinter ihrem Kopf hin und her. Christine verließ die schattige Allee und bog in die schmalere Straße ein. Die Morgensonne schien ihr nun direkt ins Gesicht. Sie kniff die Augenlider zusammen und blinzelte in das Licht. Mit der Wärme der Sonnenstrahlen durchflutete ein Gefühl spontaner Freude und Erwartung ihren Körper.

Vorfreude.

An ihrer rechten Schulter baumelte an einem langen Tragriemen eine Tasche aus weißem, grobem Segeltuch. Ihre rechte Hand ruhte auf der Verschlusslasche. Christine schien den Inhalt in allen Feinheiten zu spüren. Bis weit nach Mitternacht hatte sie in den Reiseunterlagen gestöbert, Routen studiert, sie mit dem Finger auf den Landkarten nachgefahren. In ihrer Phantasie hatte sie Ansichten von Gebirgszügen oder Küsten entwickelt, die sie noch nie gesehen hatte, hatte sie wieder verworfen, um sie doch nur wieder neu, etwas abgeändert vor ihrem geistigen Auge neu auftauchen zu lassen. Und je weiter sie sich in ferne Gegenden vorgearbeitet hatte, desto mehr Unruhe hatte ihr Herz in ihrem Körper verbreitet. Der Schlaf übermannte sie erst sehr spät in der Nacht.

Diese Unruhe, Ungeduld hatte sie dann auch nicht tief und fest schlafen lassen. Dennoch fühlte sie sich jetzt topfit und kannte nichts eiligeres, als mit ihrem Freund Hansjürgen und Peter die letzten offenen Fragen zu besprechen. Noch drei Tage ...

Christines Äußeres ließ sie jünger erscheinen als sie tatsächlich war. Vielleicht waren ihre kleine Nase - na, so einen leichten Stups hatte sie, auch wenn ihre Besitzerin solcherlei gelegentliche Andeutungen ihrer Freunde stets energisch zurückwies - oder die zahllosen, feinen Sommersprossen daran schuld. Vor einehalb Jahren hatte sie knapp zwanzigjährig ihr Pädagogikstudium hier in der Stadt aufgenommen. Und schon nach wenigen Vorlesungen hatte sich der Studiosus Hansjürgen aus dem gleichen Semester ihrer liebevoll angenommen.

Ihre langen, stachsigen Beine hielten inne. Sie stand an der geöffneten Autotür und steckte den Kopf in den VW-Bus.

»Hallo, Hajo!«

Hansjürgens Name war ihr von Anfang an zu umständlich gewesen. Lieber nur die Initialen H.J. nehmen, wobei sie im Laufe der Zeit dazu übergegangen war, die Endung des zweiten Buchstabens zu verschlucken. »Klingt offener«, pflegte sie zu sagen.

Hansjürgen setzte im Wageninnern eine offensichtlich schwere, koffergroße Holzkiste ab und sprang auf den Gehsteig.

»Grüß dich, Chris!«

Begleitet von einer kurzen Umarmung drückte er seiner Freundin einen Kuss auf die rechte Wange. Er sah sie an. Christine bemerkte sofort den Anflug von Traurigkeit oder Enttäuschung in seinem Blick, obwohl der junge Mann sich bemühte, einfach nur zu lächeln. Christines angestauten Erwartungen und Vorfreuden, die sie förmlich in den Tag hatten hinein explodieren lassen, schlugen von einem auf den anderen Augenblick um. Eine unbestimmte böse Ahnung erfasste ihre Gedanken. Gespannt blickte sie Hajo in die Augen; doch sie sagte keinen Ton.

»Peter hat sich gestern Abend das Bein gebrochen. Er kann in den nächsten Wochen keine Reise machen.«

Das Mädchen stand wie angewurzelt da. In Christines Kopf ging es heftig hin und her. Armer Peter! Was ist mit der Reise? Die Reise!

»Aber gestern Abend ...«, stammelte sie los.

»Es passierte kurz nachdem du gegangen warst. Wir wollten noch auf ein Bierchen hocken. Peter verschwand in den Keller, um einige Flaschen zu holen. Plötzlich hörte ich etwas poltern und Glas zerspringen. Im nächsten Moment oder auch fast gleichzeitig seinen Schrei.«

Christine hörte regungslos zu.

»Wie's genau war? Hm, er stieg die Treppe wohl zu hastig hoch, rutschte mit dem Bein von der Stufe ab. Wegen der Flaschen in den Händen konnte er sich wohl nicht abstützen, und er stürzte die wenigen Stufen, die er bereits hochgestiegen war, hinunter. Aber das Wenige langte. Doppelter Schienbeinbruch, recht kompliziert, wie der Arzt heut' morgen am Telefon mitteilte.«

Schweigend sahen sie sich an. Christine hatte Tränen in den Augen. Jetzt dachte sie nur noch an Peter. Langsam ließ sie sich auf die Türschwelle des geöffneten Busses nieder. Sie stützte sich mit den Händen auf dem Autoboden ab und streckte die Beine von sich. Mit gesenktem Kopf starrte sie stumm auf den grauen Asphalt des Gehsteigs. Die Gefühle in ihrem Innern konzentrierten sich auf ihren Magen, zogen sich in diesem Augenblick in ihrem Körperzentrum zusammen. Sie brachte kein Wort heraus.

Nach einer Weile hob sie langsam den Blick, wandte ihn nach rechts und ließ ihn langsam über die Einzelheiten des Wageninnern wandern. Die Sitzbank, die einfach zu einer Liege umgelegt werden konnte, die an den Seitenwänden angehängten Schränke, die kleine Kochecke - Bastel- und Schreinerarbeiten der drei Freunde aus den letzten vier Wochen.

»Und die Reise?«

Ein Schulterzucken war die Antwort. »Peter muss mindestens sechs Wochen das Bett hüten - im Krankenhaus oder zuhause. Und dann ist es schon Hochsommer und für die Reise zu spät. Meinen Ferienjob kann ich leider nicht vorziehen. Und aufs Geld bin ich nun mal angewiesen - Naturgesetz.«

Resigniert zuckte er mit den Schultern.

»Also, wenn überhaupt, dann ohne Peter?«

»Hmm.« Nach einem kurzen Moment des Zögerns nickte er kurz. »Obwohl ... einfach blöd, zu blöd. Vor allem auch ein kleines finanzielles Problem. Ich hab's heute Morgen schon mal durchgerechnet. Bei nur zwei Leuten müssen wir sicherlich ziemlich stark zurückstecken. Das meiste Geld geht wohl fürs Benzin drauf; der Bus braucht schließlich eine ganze Menge. Da haben wir kaum Spielraum. Da wird's arg knapp.«

»Und wenn wir ab und zu den Bus einfach irgendwo stehen lassen und kürzere Rundtouren nur per Daumen machen?«

Hajo rümpfte die Nase. »Du, nichts gegen Trampen, aber nicht in der Osttürkei oder sogar auf der Anfahrt dorthin. Das ist mir zu riskant.«

Christine schwieg. Hajo hatte ja Recht. Ihr selbst war ja nicht wohl bei dem Gedanken. »Und wenn wir gar nicht ganz so weit fahren und unseren Haupturlaub in Griechenland verbringen? Damit könnten wir auf der Anfahrt Sprit sparen. Und in Griechenland kann man doch wohl eher mal was ohne eigenes Auto unternehmen, oder?«

»Vielleicht.« Hajos Gesicht hellte sich kaum auf. Christines Idee war wohl nicht sehr überzeugend gewesen. »Zumindest Istanbul will ich schon sehen. Dort beginnt der Orient. Und das sollte doch für mich das Wichtigste auf der Tour sein.«

Christine blinzelte ihn an. »Und erst Istanbul und dann zurück nach Griechenland?« Sie spürte wieder ihren Tatendrang. Überhaupt war sie überraschenderweise die treibende Kraft des Unternehmens gewesen. Zwar hatten Hansjürgen und Peter die Idee geboren, irgendwann in die Türkei zu fahren, doch es war das Mädchen, das den Vorschlag machte, die Sache so schnell wie möglich anzugehen, schon dieses Jahr in jenes fremde Land zu fahren, den Bus, den Hajo ja sowieso schon besaß, für diese Tour herzurichten. Und im Frühjahr schon das Geld dafür zu verdienen. Und mit all ihren Ideen riss sie die Jungen mit.

»Hm, das ginge sicherlich besser.« Doch so ganz glücklich schaute Hajo nicht drein. »Ein dritter Mann wäre mir aber schon ganz lieb, schon allein wegen der Kosten. Auch wenn ich gern mit dir allein fahren würde.«

Seine letzten Sätze schienen nicht so ganz ehrlich. Sie waren es auch nicht. In den letzten zwei, drei Monaten hatte es doch häufig

Streit zwischen den beiden gegeben. Na, eigentlich auch nicht viel mehr als in der Zeit davor. Aber in letzter Zeit steckte Hajo häufiger zurück als sonst - er *musste* häufiger als sonst zurückstecken. Vor mehr als einem Jahr, als sie sich kennengelernt hatten, war er der Mann gewesen, als der er sich immer in einer möglichen Beziehung gesehen hatte. Er war stark. Christine - sie kam aus einer Kleinstadt hierher, er jedoch war in dieser Großstadt aufgewachsen - schaute zu ihm auf; er genoss es. Kaum eine Gelegenheit ließ er aus, sich ein wenig zu produzieren, sich in Szene zu setzen. Und er verfehlte damit die erhoffte Wirkung nicht. An seiner Seite fühlte sie sich beschützt, geborgen - und stolz. Hajo repräsentierte für das Mädchen die Großstadt. Und Großstadt gleich große Welt. Der junge Mann fühlte das - und genoss es aus ganzem Herzen.

Für Christine war der Schritt vom Abitur ins Studium ein riesengroßer gewesen. Raus aus dem Elternhaus, allein in die Universitätsstadt. Ein Zimmer suchen. Allein den Tagesablauf organisieren. Sich zurechtfinden. Allein umgeben von zunächst fremden Menschen. Und dann lernte sie Hajo kennen. Ein umwerfender Typ, der für sie da war, sie an die Hand nahm, sie liebte. Ihr starker Halt.

Aber mittlerweile hatte Christine gelernt. Sie hatte schnell verstanden, mit Menschen umzugehen. Vor allem Fassaden zu durchschauen. Sie achtete - sie selbst hatte die Veränderung erst recht spät bemerkt - nicht mehr so sehr auf Worte und Äußerlichkeiten. Mehr auf die Handlungen der Menschen. Doch das Wichtigste für sie waren die Gefühle. Eines Abends hatte sie zu Hajo gesagt:

»Ich schaue mir die Menschen mit meinem ganzen Körper an. Was ich an ihnen sehe, sauge ich in mich auf, jede einzelne Regung, jede einzelne Hautfalte. Und jedes Wort, jedes Lachen, jeden Seufzer leiten meine Ohren weiter. Und alles, was ich ertaste, jeder Händedruck, jedes Berühren trifft sich mit allen anderen Eindrücken in meinem Innern. Und aus meinem Bauch heraus, aus meinem Körperzentrum fließt Wärme oder Kälte in alle meine Glieder, und ich glaube, einzig diese Temperatur bestimmt mein Verhalten den einzelnen Menschen gegenüber.«

Der junge Mann hatte genickt. So verlangte es seine von ihm selbst auferlegte Rolle. Doch er fürchtete, sein verständnisloser Blick würde ihn verraten. Er begriff nicht, was sie ihm sagte. Doch zugeben wollte er das nicht. Und schon gar nicht darüber diskutieren. Er war zu stolz. Er war immer zu stolz. Und Christines

Verhalten bereitete ihm in letzter Zeit größtes Unbehagen. Christine, dies nette, liebe Mädchen, war ihm überlegen.

»Meinst du denn, wir finden in den wenigen Tagen noch einen dritten Mann?«

Christines Frage schreckte ihn aus seinen Gedanken auf.

»Was?«

»Ja, ob wir noch ...« Sie hielt inne. Ihre Augen blitzten wieder unternehmungslustig. »Ach was, egal, ob wir in den paar Tagen noch einen dritten Mann finden oder nicht, wir fahren nächste Woche los, top?«

Sie streckte ihm die Hand hin. Zögernd, ein wenig missmutig schlug Hajo ein.

»Okay!«

Christines Augen funkelten schelmisch, ihr alter Tatendrang war wieder da. Sie hatte da so eine Idee.

»Und morgen Nachmittag besuchen wir Peter?«

Hajo nickte.

Alte Kameraden

So verstört hatte sie ihr Freund noch nie zuvor angesehen. Regungslos, mit leicht geöffnetem Mund starrte Hajo Christine an.

»Gut, dass er schon sitzt«, dachte das Mädchen. Sie stand an den Kleiderschrank gelehnt und biss die Zähne aufeinander.

Jetzt bloß nicht lachen.

Dieser Augenblick machte ihr diebischen Spaß. Nicht, dass sie Hajo in irgendeiner Weise eins auswischen wollte. Daran dachte sie nicht im Traum. Nein, einfach die Komik der Situation, ihre Idee, die Vorfreude auf die Reise, all das zusammen ließ einfach ihr Herz Luftsprünge machen.

»Das ... das ist doch nicht dein Ernst, Chris, oder?«, stammelte Hajo unsicher los.

›Irgendwie guckt er jetzt wie ein Hund‹, schoss es Christine durch den Kopf, als sie die Frage mit einem Kopfnicken verschmitzt grinsend bejahte.

Hajo wusste nicht, ob er toben oder Christines Idee vielleicht doch in ernsthafte Erwägung ziehen oder sogar - mit ein wenig Begeisterung - akzeptieren sollte. ›Ein verrücktes Frauenzimmer!‹ – ›Schnapsidee!‹ – ›Ein wenig abwegig, aber doch irgendwie faszinierend!‹ Die Gedanken schossen Hajo kreuz und quer durchs Hirn.

»Und wann kam dir dieser glorreiche Geistesblitz?« Hajos ironischer Unterton war nicht zu überhören, sein Gehirn stand nach wie vor auf Ablehnung.

»Och, eigentlich schon als wir uns über Peters Ausfall unterhielten.«

Sie schaute bewusst ein wenig kokett drein; es machte ihr nun doch ein bisschen Spaß, Hajos gereizte Stimmung noch zu steigern - wenn auch nur so ein winziges Stückchen, ist ja nicht so schlimm, dachte sie.

»Nachdem wir Peter gestern im Krankenhaus besucht hatten, ging mir die Sache auf dem Heimweg immer wieder durch den Kopf. Darum war ich auch so schweigsam. Weniger weil ich traurig über Peters Missgeschick war. Aber ich war nicht in der Stimmung, es mit dir zu bereden. Und später, alleine, war ich eigentlich ganz froh, dass du im Seminar warst und ich nicht mit dir reden konnte. Also machte ich einen kurzen Abendspaziergang. Es war übrigens eine traumhafte Sommeruntergangsstimmung.«

Christine war sehr empfänglich für romantische Momente, eine Eigenschaft, die sie stark von Hajo unterschied und die dann und wann zu starken Gefühlsspannungen zwischen den beiden führte. Doch Christine hatte damit umzugehen gelernt. Und die letzte Bemerkung jetzt war eigentlich weniger als Beschreibung des gestrigen Abends als vielmehr als kleine Stichelei Hajo gegenüber gedacht. Doch der junge Mann war zu sehr mit Christines Idee beschäftigt, als dass er diese kleine Spitze jetzt bemerkte.

»Aber reden musste ich nun doch darüber. Als ich hier unten vorbeiging, sah ich Hermann drüben in seinem Fenster. Er lachte mich an, und so überquerte ich die Straße und kam mit ihm ins Gespräch.«

»Und wie fand er deine Idee?«

»Toll, einfach irrsinnig toll. Aber im ersten Augenblick hättest du sein Gesicht sehen sollen! Na, es hatte enorme Ähnlichkeit mit dem deinen vor wenigen Sekunden.«

Christine grinste übermütig.

»Allerdings hatte er sich schneller wieder gefasst. Er sagte, er hätte da noch eine Flasche hervorragenden älteren Weines und ich solle doch reinkommen. Und so saßen wir halt den Rest des Abends in seiner Wohnung zusammen. Er freute sich wie ein Kind. Das hättest du miterleben müssen! Was ja doch wohl irgendwie nur 'ne Schnapsidee war - na, zugegeben eine Spinnerei meinerseits - nahm im Gespräch urig konkrete Formen an. Im Ausmalen der Vorstellungen, wie sowas denn ablaufen könnte, steigerten wir uns gegenseitig, überboten uns mit jeder Idee. Sowas hätte er sich in den letzten Jahren immer mal erträumt. Und in dieser Form könnte er es sich auch finanziell leisten. Bammel hätte er zwar schon. Und einfach würde es für ihn ja wohl auch nicht. Du weißt, seine Beine. Aber das wäre einfach ein Traum. Und eine Reise so im Auto ... Wir diskutierten Möglichkeiten und legten auf einmal Einzelheiten fest - soweit ich das für meinen Teil konnte.«

Hajo antwortete nicht, war still. Sein innerer Widerstand hatte sich gelegt. Er schien ruhiger.

Christines Charme hatte triumphiert.

»Also gewöhne ich mich mal langsam an den Gedanken, mit dem Alten eine kleine Weltreise zu machen.« Er blickte Christine lächelnd - wenn auch leicht säuerlich - an. »Bleibt mir ja doch nichts anderes übrig.«

Nach einer kurzen Stille lachte Hajo plötzlich befreiter.

»Alte Kameraden«, entfuhr es ihm verträumt, kaum hörbar. Christine verstand ihn nicht, und aufgefordert durch ihren fragenden Blick ergänzte er:

»Na, Hermann und mein Bus.« Er grinste. »Die beiden werden sich zweifellos bombig verstehen.«

Sie saßen noch über eine Stunde zusammen, ihre Gespräche gingen einzig um Hermann. Zwar wurden wieder Für und Wider diskutiert, aber die Entscheidung, ihn mitzunehmen, war ja doch schon gefallen. Eigentlich sogar schon am Abend vorher. Doch das wurde Hajo nicht bewusst. Oder er wollte es sich nicht eingestehen.

Als die Sonne schon verschwunden war, verließ das Paar das Haus, um den alten Mann zu besuchen.

Den geplanten Abreisetermin zwei Tage später konnte das Trio nicht einhalten. Man war sich einig, dass es besser sei, für Hermann noch vor Fahrtantritt einen Reisepass ausstellen zu lassen.

Seit seiner Rückkehr aus dem Krieg hatte er keinen erhalten. Es hatte ihn seitdem nicht mehr in die Ferne gezogen. Genauer: er hatte wohl keine Gelegenheit zu eine weiten Reise gehabt.

Somit konnten die drei die Fahrt frühestens am darauffolgenden Dienstag antreten; Behörden brauchen halt ihre Zeit, und die Verzögerung um weitere vier Tage tat nun auch nicht mehr weh.

Zur großen Überraschung der jungen Leute war diese Aktion der einzige notwendige Mehraufwand, der betrieben werden musste. Vor allem die vermeintliche Frage der Übernachtungen unterwegs war gar keine: aus einer großen Truhe hatte Hermann während ihrer ersten Besprechung einen nie erwarteten, anständig brauchbaren Schlafsack hervorgekramt. Zwar keine Daune oder ähnlich komfortabel und offensichtlich weit über fünfzehn Jahre alt, aber gut erhalten und anscheinend warm genug. Trotzdem packte Hermann sich dann noch eine Decke für darüber ein. Und das voluminöse, unzeitgemäße Packmaß spielte bei ihrer Form der Reise sowieso keine Rolle. Allerdings flößte das Alter der außerdem zutage geförderten Luftmatratze Hajo beträchtliche Zweifel an ihrer Brauchbarkeit ein. Sie blieb denn auch schließlich zugunsten Peters neuer ›Luma‹ zurück.

*

Der alte Mann bot einen köstlichen Anblick!

Als die jungen Leute am Tage ihrer Abreise frühmorgens bei Hermann klingelten, öffnete sich die Tür, und da stand er nun, inmitten all seiner fertig gepackten und verschnürten Ausrüstungsteile. Den alten Schlafsack mit der Luftmatratze und der Decke kannten sie ja schon, auch den grünen Baumwollrucksack aus längst vergangenen Wandertagen und den dazu passenden abgetragenen, ebenfalls grünen Lodenmantel hatten sie in den letzten Tagen bereits zu Gesicht bekommen. Allerdings nicht in Kombination mit Hermanns zünftiger Kleidung, seinem Hut mit der an allen Seiten stark heruntergezogenen Krempe, einem gut erhaltenen Norwegerpullover, einer ausgetragenen Hose - »sportlich geschnitten, wie man an der eleganten Taillierung erkennen kann«, überzeugte der Alte die beiden unaufgefordert - und diesen »Knobelbechern«, entfuhr es Hajo, an den Füßen, uralten, schwarzen, ausgetretenen, doch - oder eben drum - offensichtlich bequemen Wander- oder Bergschuhen. Und diesem braunen, mit zwei gleichfarbigen Lederriemen verschlossen gehaltenen Holzkoffer zu Hermanns Linken, wohl nicht für irgendwelche Kleidungsstücke bestimmt, denn was in dem Koffer Platz gefunden hätte, hätte ebenso gut noch in den Rucksack gepasst. Es war eher ein Aktenkoffer, obwohl er das ja sicherlich auch nicht war; zweifellos war er Hermanns ganzer Stolz. Aber verraten wollte er den Inhalt nicht. »Erst, wenn er gebraucht wird.« Offensichtlich machte es dem Alten riesigen Spaß, eine Überraschung für die beiden für unterwegs parat zu haben.

Stillschweigend, nur Blicke austauschend waren sich Christine und Hajo einig: Sie konnten sich nicht entscheiden, ob sie nun auf den Inhalt des Koffers gespannt sein und darüber rätseln sollten, oder ob sie Hermann nicht besser darauf hinweisen sollten, dass Norwegen genau in zu ihrem Urlaubsziel entgegengesetzter Richtung liege. Sie entschieden sich für die goldene Mitte: sie packten das sich vor ihnen darbietende Stillleben - Hermann samt seinen Siebensachen - in Nullkommanichts in den Bus und dampften mit den ersten morgendlichen Sonnenstrahlen los auf die Autobahn Richtung Österreich.

Bora

Am Grenzübergang Salzburg verließ der Bus mit seinen ungleichen Insassen Deutschland und bewegte sich in südöstlicher Richtung. Um die Alpen zu überqueren, wählten die drei die alte Radstädter Tauernstraße. Diese war landschaftlich schöner und vor allem billiger als die neue Autobahn. Na ja, was das ›Schöner‹ anging, war nicht viel. Nebel, nasskaltes Wetter, oben auf der Höhe sogar Schneefall. Sie sahen zu, dass sie vorankamen.

Hajo fuhr, Christine saß auf dem Beifahrersitz. Hermann hatte es sich auf der Rückbank bequem gemacht, die Füße hoch auf eine der Holzkisten gelegt. Den Kopf leicht nach links gegen das Seitenfenster geneigt, döste er vor sich hin. Er hatte es aufgegeben, bei diesem Wetter irgendwelche tolle Aussichten zu suchen oder gar zu genießen. Außerdem konnte er die mittlerweile neun Stunden Fahrzeit nicht so leicht wegstecken wie die beiden vor ihm.

Der Schneefall war wieder gänzlich in Regen übergegangen. Die Sonne, die sich nahezu den ganzen Tag nicht hatte blicken lassen, verlor nun endgültig ihren Einfluss auf den Tag. Das Dämmerlicht machte den Nachmittag noch ungemütlicher. Es wurde Zeit, sich nach einem Campingplatz umzusehen.

Schon bald, kurz vor der jugoslawischen Grenze fanden sie einen, der ihnen gefiel - besser gesagt: Hajo und Christine, denn Hermann schlief nun und gab dann und wann einen Schnarchton von sich.

Sie konnten den Bus direkt an einem kleinen See abstellen. Hermann wachte auf. Christine sah ihn von vorn über die Schulter an und fragte lächelnd:

»Nun, Hermann, sollen wir die Lagerplätze nicht doch anders zuteilen?«

Hermann blickte zum Fenster hinaus und schüttelte den Kopf. Er grinste.

»Kommt nicht in die Tüte. Alles bleibt so wie ausgemacht, unabhängig von jedem Wetter. Ihr hier drinnen und ich im Zelt.«

Er sah sie väterlich an.

»Glaub mir, das macht mir überhaupt nichts aus. Im Gegenteil, ich freue mich riesig darauf, wieder Nacht für Nacht im Zelt zu schlafen. Vor zwanzig, fünfundzwanzig Jahren haben Lisa und ich das oft auf Wandertouren gemacht. Andere Übernachtungen konnten wir uns auch nicht leisten; aber darüber dachten wir auch nie nach. Wir waren dabei sehr glücklich.«

Sein Blick war schon nicht mehr auf das Mädchen gerichtet, sondern schweifte verträumt irgendwo draußen herum. Christine antwortete nichts. Sie lächelte ihn nur herzlich und - so hoffte sie zumindest - verständnisvoll an. Dann öffnete sie die Tür und stieg aus, um Hajo, der bereits das Zelt ausgepackt hatte, beim Aufbau zu helfen.

Eine halbe Stunde später waren die drei um den Gaskocher versammelt; Hermann und Christine hockten auf der Schwelle der geöffneten Schiebetür, Hajo hatte sich eine der Holzkisten als Sitzgelegenheit aus dem Bus geholt.

Während die Suppe bei kleiner Flamme kochte, langte Hermann ins Wageninnere, griff seinen Holzkoffer heraus und legte ihn behutsam auf seine Oberschenkel. Christine schaute dem Alten nun gespannt auf die Finger, Hajo reckte seinen Kopf. Ein wenig übersteigert feierlich öffnete Hermann die Schnallen der Lederriemen und klappte den Deckel hoch.

»Ich werd' verrückt!« Christine betrachtete erstaunt und ein wenig belustigt den Inhalt. Im Deckel steckten hinter angehefteten Lederstreifen fein säuberlich nebeneinandergereiht Messer, Gabel, Esslöffel und Teelöffel, jedes Teil in doppelter Ausführung und allem Anschein nach echt silbern. Und unten in ausgepolsterten und vorgeformten Fächern zwei Teller und zwei Tassen, jeweils aus weißem Porzellan.

»Das ist ja ein uralter Essgeschirrkoffer!«

»Campinggeschirrkoffer«, korrigierte Hermann Christine stolz. Hajo blickte ihn sprachlos an. Er dachte nur an sein modernes, superleichtes Aluminiumgeschirr und sah vor seinem geistigen Auge die Porzellanklamotten schon in Scherben zwischen irgendwelchem Abfall auf einem griechischen Müllhaufen liegen und das Silberbesteck gemopst.

»Ach, Hermann, das ist ja goldig!« Christine war total begeistert.

»Wenn du willst, kannst du ab heute das zweite Geschirr benutzen. Hat früher nur Lisa benutzt. Willst du?«

Keine Frage, Christine wollte. Und Hajo wandte sich kopfschüttelnd wieder dem Kocher mit der Suppe zu.

Um diese Jahreszeit war der Campingplatz noch sehr leer. In ihrer direkten Umgebung erblickten die drei lediglich ein französisches Wohnmobil, mit dem offenbar ein einzelner Mann reiste. Als sie nach dem Abendessen noch ein wenig im Freien hockten und erzählten, öffnete sich die Tür des nachbarlichen Gefährts und, ein vielleicht 35-jähriger dunkelhaariger Mann erschien. Mit einem Tablett in der linken Hand kam er auf die Deutschen zu.

»Herzlich willkommen!«, sagte er in gebrochenem Deutsch und forderte jeden auf, von dem angebotenen Weinbrand zu kosten.

»Das wärmt auf. Tut sehr gut.«

In der Tat, es war durch die Feuchtigkeit empfindlich kühl und die drei machten einen verfrorenen und abgekämpften Eindruck. Dankbar nahmen sie das unerwartete Angebot an. Zu viert lief nun das Gespräch weiter. Man erzählte dies und jenes; eine Alpentour mache der Franzose, erfuhren sie. Nach einer knappen Stunde lösten sie die Runde auf und legten sich schlafen.

Am nächsten Morgen hatten sie nach einem kurzen Frühstück ihre Sachen schnell zusammengepackt. Sie verabschiedeten sich von ihrem Camping-Nachbarn und machten sich alsbald wieder auf den Weg. Schon nach wenigen Kilometern passierten sie die österreichisch-jugoslawische Grenze. Stolz, ein wenig kindlich betrachtete Hermann den Stempel in seinem Reisepass.

»Der erste«, raunte er Hajo zu, als die beiden auf Christine warteten, die noch in der Menjalnica, der Wechselstube, war.

Hermann legte eine fröhliche, etwas aufgekratzte Stimmung an den Tag. Auf dem Fahrtabschnitt über Ljubljana nach Rijeka saß er auf seinem Rück-»Sofa«, wie er treffend befand, und spielte auf seiner Mundharmonika, die er irgendwo aus seinem Rucksack hervorgekramt hatte.

Doch dann hatte er plötzlich dafür keine Zeit mehr. Das Meer ließ sie ihm nicht mehr. Kaum hatten sie die durch Industrie verdreckte Hafenstadt Rijeka verlassen, faszinierte ihn der Anblick der felsigen, steinigen, hellen Küste und des tiefblauen Meeres.

»Die Adria!« Hermann schien jede Einzelheit in sich aufzusaugen, obwohl die einzelnen Küstenabschnitte hinter jeder Kurve sich zu wiederholen schienen: fast weiße Steine, karger Pflanzenwuchs, die hier und da verbeulten Leitplanken, die die Reisenden von dem Meeresabgrund trennten.

»Aber die ist je doch viel kleiner, als ich sie mir vorgestellt hatte.«

Hajo lachte. »Aber Hermann, das da ist nicht Italien. Vor der Küste gibt es hier viele Inseln, so dass man das offene Meer eigentlich erst viel weiter südlich sehen kann. Und was wir fast seit Rijeka sehen, ist eine der größten. Krk.«

»Was?« Hermann sah ihn von hinten verwirrt an.

»Krk. Das ist der Name. Die heißt so. Krk. Ka-er-ka.«

»Toll!« Hermann lachte.

Die nächsten zwei Stunden Küstenstraße waren eintönig. Irgendwo weiter vorn musste wohl ein Lastwagen oder ähnliches fahren. Und dahinter folgten Auto auf Auto, teilweise mit Wohnanhängern. Und so bewegte sich die Kolonne von Bucht zu Bucht, um eine Kurve nach der anderen.

Hajo wurde ungeduldig. »Scheiße, an Überholen ist hier nicht im Traum zu denken!« Dabei hätte er mit dem Bully kaum schneller fahren können. Aber dauernd das gleiche Bild vor sich, dieser Renault mit dem kleinen roten Stern im Nummernschild, reizte seine Stimmung.

Zwei Motorradfahrer brausten vorbei. Beide aus Dänemark, wie Christine wissend feststellte.

»Die beiden sind fein raus. Mit denen würd ich jetzt gern tauschen. Brrrmmm! Brrrmmm!« Hajo imitierte mit tiefer Stimme das Motorengeräusch der Zweiräder und legte sich wüst in die Kurve. Die beiden anderen lachten. Er selbst stimmte ein. Seine Nerven beruhigten sich.

Vereinzelt sah man nun kleine weiße Flecken in dem tiefen Blau des Wassers. Ein stärker werdender Wind blies vom Land her und wirbelte Schaumkronen auf den Wellenkämmen auf. Feiner Wasserdunst bildete sich über dem Meer. Und je heftiger der Wind blies desto gleichförmiger zeichnete er ein weißes Streifenmuster auf die Wellen.

Hajo hatte nun seine Probleme mit dem Lenken.

»Die Bora«, stellte er lakonisch fest.

»Bora? Wer ist Bora?«

»So heißt dieser Wind, Chris. Er kommt vom Land und weht unbändig heftig aufs Meer hinaus. Er ist sehr gefürchtet. Ganze Wohnwagen soll er schon von der Straße gedrückt haben. Ich denke, wir sollten darum heute nicht mehr sehr weit fahren, sondern sehen, dass wir bald irgendwo lagern. Wo ist der nächste Campingplatz auf der Karte eingezeichnet?«

Chris faltete die in der Ablage griffbereit liegende Karte auf und suchte nur kurz.

»Bei Zadar.«

»Das ist noch wieweit?«

»Na, gute dreißig Kilometer.«

Die Kolonne vor ihnen hatte sich irgendwie aufgelöst. Der Renault war, wenn überhaupt, nur noch bei größeren Buchten schon auf der gegenüberliegenden Buchtseite weit vor ihnen zu sehen.

Eine heftige Bö erfasste den Bus und drückte ihn nach rechts dicht an die Leitplanke ran. Hajo reagierte schnell, doch er hatte erhebliche Mühe, den Wagen noch rechtzeitig abzufangen und ein anschließendes Ausbrechen des Hecks zu verhindern. Der Bus schaukelte hin und her.

»Eine Seefahrt die ist lustig, eine Seefahrt die ist schön ...«

Laut singend kippte Hermann hinten auf dem Sitz hin und her. Sein Gewicht verstärkte wohl noch das Schaukeln des Busses.

»S-türrrmische See heute, nee?« Er sprach mit Absicht und betont das ›St‹ als ›S-t‹, rollte das ›r‹ und versuchte, auch vom Tonfall einen Hamburger Seemann zu imitieren. Der Sturm bereitete ihm einen Heidenspaß. Christine wandte sich um und grinste ihn an. Hajo schaute amüsiert in den Rückspiegel.

»Hei, du alter Seebär«, ulkte er, »dies ist ab sofort ein Segelschiff, und du musst dich auf der Stelle zum Stabilisieren an Backbord raus hangen.«

Sie lachten.

»Du, Hajo, da ist was passiert!«

Christine wies mit der rechten Hand schräg nach vorn. Hajo hatte es schon gesehen. Drüben auf der gegenüberliegenden Landspitze waren zwei Menschen damit beschäftigt, irgendetwas aufzuheben oder von der Straße zu räumen.

Als sie die Bucht umfahren und die beiden fast erreicht hatten, nahmen sie Einzelheiten wahr. Es waren wohl die dänischen Motorradfahrer, wie sie an den Helmen erkannten. Ein Motorrad war am gegenüberliegenden Straßenrand abgestellt. Die andere Maschine lag rechts ganz dicht an der Leitplanke, und die beiden Männer versuchten, sie aufzurichten.

Hajo stoppte den Bus etwa zehn Meter vor dem Ort des Geschehens. Er und Christine stiegen aus. Christines blondes Haar wehte wie eine Fahne im Sturm. Der größere der beiden Motorradfahrer kam auf sie zu. Besser gesagt, er kämpfte sich seitlich schräg gegen den Wind gestellt auf sie zu. Seine leuchtend orange Regenkleidung flatterte heftig. Sein Aussehen hatte dadurch etwas Ballonähnliches. Sein Helm ließ lediglich noch einen Ausschnitt für die Augen frei, dennoch konnte man erkennen, dass er einen Vollbart trug.

»Können wir euch helfen? Can we help you?« Hajo schrie aus vollem Halse, um sich gegen das Donnern des Windes verständlich zu machen.

»Ja«, antwortete der Däne lautstark und fuhr in gebrochenem Deutsch fort: »Wir hielten kurz an, damit ich auf meinem Moto etwas richtig festziehen konnte. Dabei blieb Jakob« - er deutete auf seinen Kumpanen – »auf seiner Maschine und stützte sich mit den Beinen auf beiden Seiten ab. Aber in diesem Sturm konnte er das Moto plötzlich nicht mehr halten und wurde zusammen mit der

Maschine auf die Leitplanke gedrückt. Da er beim Sturz die Kupplung loslassen musste, rutschte die BMW dabei nach vorn, und Lenker und Vorderrad verkeilten sich auf und unter der Leitplanke. Zu zweit haben wir zu wenig Kraft, um die Maschine komplett anzuheben und freizuziehen.«

Hajo nickte und folgte dem Dänen, während Christine zum Bus zurückeilte, um sich eine Jacke überzuziehen. Zwar war der Himmel strahlend blau und die Sonne schien ungehindert auf die Küste, doch der Wind blies eisig kalt.

Hermann hatte den Bus verlassen und ging mit kleinen Schritten, die ihm schwerfielen, zu dem Motorrad, um auch zu helfen. Laut schnaubend griff er gemeinsam mit Hajo auf Anweisung Jakobs den Motorradrahmen unterhalb der Sitzbank. Von links fasste der bärtige Däne vor dem Tank an den Rahmen und von rechts auf der anderen Seite der Leitplanke Jakob selbst den Lenker der BMW. Sie hoben die Maschine zunächst hinten an, zogen sie dabei schräg zurück, so dass das Vorderrad aus seiner Verklemmung gelöst wurde und die Spannung an dem hinter der Leitplanke verkeilten Lenker nachließ. Dann konnten sie die Maschine aufrichten.

»Wir hätten, als der Sturm anfing, besser einen Campingplatz oder, noch besser, ein Hotel gesucht«, stellte der große Däne fest.

Die Beschädigungen am Motorrad hielten sich in Grenzen. Die Lampenfassung und das Schutzblech vorn waren ein wenig angekratzt, der Lenker rechts leicht nach oben verbogen, das rechte Blinkerglas zersprungen. Glücklicherweise hatte der Bremshebel den Sturz schadlos überstanden.

Das zweite Motorrad, eine rote Geländemaschine - eine Suzuki, wie Hermann unschwer den Schriftzug am Tank entzifferte -, war wohl aufgrund seines viel geringeren Gewichts bei diesen Wetterverhältnissen kein so großes Problem. Sie stand noch immer, obwohl sich in den letzten Minuten niemand um sie gekümmert hatte oder sie besonders abgesichert gewesen wäre, unbeschadet auf dem Seitenständer.

»Ich danke euch vielmals für eure Hilfe. Alleine hätten wir das nicht geschafft. Jetzt kommen wir alleine klar.« Der Däne reichte Hajo erleichtert die Hand. Im Hintergrund nickte Jakob freundlich. Offensichtlich sprach er kein Deutsch.

»Wie weit wollt ihr denn heute noch fahren?«, fragte Hajo.

»Bis zum nächsten Campingplatz. Ich glaube, in Zadar ist einer.«

»Na Mensch, dann sehen wir uns ja noch. Das ist auch unser Ziel. Bis dann! Tschüss.«

Christine und Hermann verabschiedeten sich ebenfalls von den beiden. Sie stiegen wieder in den Bus und setzten ihre Fahrt fort. Im Vorbeifahren winkten sie den Dänen nochmal zu. Die beiden erwiderten den Gruß.

Der Sturm ließ langsam nach. Es war gar nicht mehr lang bis zum Sonnenuntergang.

Troels

Nach knapp zehn Kilometern hatten die Dänen das Trio im Bus eingeholt. Doch sie überholten nicht, sondern folgten dem Bus. Der Wind hatte sich gelegt. Die Sonnenstrahlen spendeten wohltuende Wärme. Die Fahrt bis zum Campingplatz bei Zadar war von einem Bilderbuchsonnenuntergang begleitet.

Der Platz war großräumig angelegt. Bäume und Sträucher wuchsen zwischen Rasenflächen. Das Gras stand stellenweise für einen Campingplatz ungewöhnlich hoch.

Gemeinsam suchten sie sich einen geeigneten Zeltplatz zwischen den Bäumen. Einige zehn Schritte weiter lärmte eine Gruppe etwa zwanzig junger Leute beim Zeltaufbau. Sie gehörten zu einer Busreisegesellschaft, offensichtlich Amerikaner oder Australier, wie man an der Sprache erkannte.

»Mit so einem Bus - das wär' nichts für mich. Aber hübsch ist er.« Und damit meinte der große Däne das Bild der großen, lächelnden Sonne auf der seitlichen Buswand, begleitet von dem Schriftzug »CON-TIKI«.

»Da hätten wir uns wohl kaum kennengelernt«, stimmte Hajo zu.

Die beiden gingen ein wenig umher und trampelten das Gras flach.

»Ich heiße Hansjürgen, kurz Hajo. Und du?«

»Troels«, sagte er und sprach das ›oe‹ wie ein langes ›o‹.

»Das dort ist Christine, und da sitzt Hermann.« Er deutete auf den Alten, der bewundernd um die Geländemaschine ging, sich möglichst alles genau ansah, mal die Hände an den Lenker legte und nur mal so am Gasgriff drehte. Mit dem Daumen testete er dann die Sitzbankpolsterung. Er blickte zu Troels hinüber und deutete ihm mit seinem zustimmenden Gesichtsausdruck und einem leichten Kopfnicken an, dass er sie weich genug fand. Der Däne lachte. Er und Hajo griffen jeweils die Zelte. Christine half beim Aufbau.

Hermann humpelte weiter zu Jakob. Der hockte neben seiner BMW und untersuchte die Schäden genauer. Die Kratzer an Schutzblech und Scheinwerferfassung störten ihn weiter nicht. Der krumme Lenker ärgerte ihn jedoch sehr. Zwar war der, wie gesagt, nicht stark verbogen, doch musste Jakob, wie er auf den letzten Kilometern zu registrieren hatte, seine rechte Hand weiter als gewöhnlich vom Unterarm nach außen abwinkeln. Diese Position war auf langen Etappen mit Sicherheit unbequem, vielleicht sogar schmerzhaft. Doch beheben konnte er den Schaden sicherlich nicht - zumindest nicht ohne geeignete Werkstatt, und selbst da hätte er die ursprüngliche Form kaum wiederherstellen können.

Hermann hatte ihn beobachtet. Er stellte sich breitbeinig vor die Maschine und beugte sich vor, um seine Augen auf die Höhe des Lenkers zu bringen. Dann peilte er das Motorrad prüfend an.

»Nach oben verzogen«, stellte er knapp fest und zeigte auf das entsprechende Ende. Zunächst ohne sich aufzurichten blickte er Jakob mit verständigem und mitleidsvollem Ausdruck an.

»Ganz schön blöd, hm? Kann man doch vielleicht richten, oder?«

Der Däne antwortete nicht, sondern gab ihm zu verstehen, dass er kein Deutsch verstehe, und fragte seinerseits:

»Sorry, no German. But do you speak English?«

Bei Hermann Fehlanzeige. Doch er verstand die Frage, zuckte die Achseln und schüttelte den Kopf.

Ohne zu zögern wiederholte er jedoch seinen Gesichtsausdruck von zuvor, zeigte nochmal auf das rechte Lenkerende und zog die Nase kraus. Jakob begriff und nickte. Mit einer abwertenden Handbewegung machte er Hermann klar, dass der Fall für ihn zunächst erledigt sei, da er ja doch nichts reparieren konnte. Die beiden blickten sich an, lachten und freuten sich, dass sie sich verstanden hatten.

Jakob deutete auf den demolierten Blinker und nahm den Schraubenzieher. Hermann schaute interessiert. Schnell war das Blinkerglas abgeschraubt. Aus einer winzigen Tube presste Jakob Klebstoff auf die Bruchstelle und verteilte ihn mit der Tubenspitze. Sorgfältig setzte er die Einzelstücke mosaikartig zusammen und drückte sie kurze Zeit gegeneinander. Offensichtlich wirkte der Klebstoff sehr schnell; schon nach wenigen Augenblicken konnte er jeweils die zusammengefügten Stücke loslassen und sie waren fest verbunden. Hermann pfiff bewundernd. Nach einer Viertelstunde waren alle Einzelteile zusammengesetzt. Ein fingernagelgroßes Loch war noch übrig. Mit einem Stück Isolierband überklebte Jakob es. Dann schraubte er das Glas wieder an. Der Blinker war wieder funktionsfähig und vor allem wasserdicht.

Hermann schaute sich nun das Motorrad genauer an. Die BMW war grünmetallic. Ihr auffälligstes Detail war zweifellos der voluminös gepolsterte Sitz, zwei besonders breite, bequeme Mulden hintereinander.

»Ein Amerikasitz«, erläuterte Troels, der sein Zelt bereits aufgebaut hatte und hinzugekommen war. Jakob legte stolz seine Hand auf das Leder.

Hinten waren auf jeder Seite ein großer, schwarzer Koffer befestigt. Über den seitlich herausragenden Zylindern des Motors schützten spezielle Verkleidungen die Beine des Fahrers bis zur Oberkante des Tanks vor Fahrtwind und Spritzwasser. »R 80/7« stand auf dem Motor. Durch den sehr hohen Lenker saß Jakob während der Fahrt sicherlich sehr aufrecht und bequem. Eine Lenkerscheibe wies bis über Augenhöhe den Wind ab.

»So toll waren unsere früher nicht.« Verträumt blickte Hermann auf die Maschine. »Mann, sogar eine Uhr! Ich fuhr damals in den Fünfzigern eine Max, 'ne zweihundertfünfziger NSU.«

Troels nickte interessiert. Auch Jakob schien zu verstehen, worüber Hermann erzählte; er lächelte. Christine und Hajo kamen hinzu.

»Eine BMW, Jungs, das konnte ich mir leider nie leisten.«

Er lachte ein bisschen wehmütig.

»Aber damals - im Krieg - ja, da fuhr ich eine. Das waren die tollsten Dinger. Die alten siebenhundertfünfziger Gespanne kamen überall durch, durch jedes Drecksloch.«

Einen Moment lang stand er noch schwärmerisch da.

»Egal. Jetzt gehen wir alle erst einmal einen heben - nach dem aufregenden Tag.«

Die vier stimmten spontan zu. Noch wild über den Sturm und den Sturz diskutierend schlenderte die Gruppe über den mittlerweile dunklen Platz zu der kleinen Kneipe zwischen den Bäumen knapp zweihundert Schritte entfernt.

Sein krauses, dunkelblondes Haar und der gleichfarbige, ein wenig lichte Vollbart verkörperten für Christine einen ›Wuschelkopf‹. Sie spürte das Verlangen, mit ihrer Hand in den kleinen Locken zu wühlen. Und genau das zeichnete ihn halt als ›Wuschelkopf‹ aus, hatte sie beschlossen. Troels hellblaue Augen funkelten sie an, seine von der Sonne leicht gebräunte Haut lieferte einen hervorragenden, das scheinbare Leuchten verstärkenden Kontrast dazu. Christine schätzte ihn auf um die Vierundzwanzig.

Seit sie in Zadar angekommen waren, hatte sie Troels nur mit einem breiten, herzlichen, warmen Lachen gesehen. »Sunnyboy« hätte ihre Mutter den Dänen sicherlich genannt - ein Ausdruck, den Chris überhaupt nicht leiden konnte. Und trotzdem fand sie ihn in diesem Augenblick sehr treffend. Sie saß ihm in der Kneipe gegenüber und strahlte ihn an.

»Das ist der zweite Abend unserer Reise. Wie lang seid ihr schon unterwegs?«

»Seit drei Wochen«, antwortete Troels. »Zunächst fuhren wir in die Alpen und hielten uns eine Weile in Norditalien auf. Dort genossen wir die ersten Sonnenstrahlen des Sommers.«

»Und ihr wolltet dann nicht weiter durch Italien Richtung Süden?«

»Nee. Unser Ziel war immer Griechenland.« Christine sah ihm die Erwartung, die er mit diesem Land verband, förmlich an. »Aber als wir die Alpen überquert hatten, gefiel es uns auf einmal in Südtirol so gut, dass wir von unserem direkten Weg nach Triest abwichen und den Schlenker durch Norditalien ein wenig ausweiteten. Du musst wissen, Zeit spielt keine so große Rolle. Wir haben insgesamt vier Monate Zeit. Hauptsache, das Geld reicht. Aber Griechenland ist nicht so teuer, hoffen wir.«

»Klasse! Vier Monate! Im Extremfall können wir uns die Hälfte erlauben.«

Mehr wusste sie nicht zu erzählen. Überhaupt war ihr für den Augenblick gar nicht nach reden zumute. Stumm blickten die zwei sich an.

Ganz plötzlich wandte Chris ihren Blick ab. Sie fühlte sich ertappt. Von sich selbst. Hajos Nähe störte sie. Glücklicherweise
unterhielt der sich angeregt in Englisch mit Jakob. Und er hatte so
die letzten Blicke, die sie und Troels austauschten, nicht mitbekommen. Oder beunruhigte sie weniger die Tatsache, dass Hajo
diese Blicke bemerkt haben könnte, als vielmehr die heraus-
fordernden Art des jungen Dänen?

Irritiert fiel ihr Blick auf Hermann. Zwar saß er näher bei Hajo
und Jakob und beteiligte sich mit Händen, Mimik und der Überset-
zerhilfe von Hajo an deren Gespräch, doch für den Moment hatte
er innegehalten. Er hatte das Mädchen beobachtet, seine Ver-
wirrung und Regung bemerkt.

Wieder fühlte Chris sich ertappt. Doch Hermanns verständnis-
volles Lächeln entkrampfte sie, hellte ihren verstörten Blick auf. Sie
lächelte zurück und schaute wieder Troels in die Augen. Seine
warme, herzliche Ausstrahlung durchflutete ihren Körper.

Es hatte gefunkt.

Sie aßen eine Kleinigkeit, tranken Bier dazu. Plötzlich stand
Troels auf und verließ die Gaststätte. Christine folgte ihm nach
einer auffällig kurzen Weile. Sie fand ihn bei den Zelten an seine
Maschine gelehnt.

»Hallo!« Sie klang ein wenig unsicher, verlegen.

Troels erwiderte den Gruß nicht, sondern schaute sie nur
freundlich an. Sie war dankbar für die Platzbeleuchtung, die es
ihnen beiden ermöglichte, die Regungen des anderen zu erkennen.
Er bot ihr den Platz an seiner Seite an. Chris setzte sich halb auf
den hinteren Teil der Sitzbank, halb stand sie.

»Ein seltsames Trio seid ihr. Ist der alte Herr dein Vater? Oder
Hajos?«

»Nö.« Dass dieser Eindruck bei Fremden entstehen könnte, war
ihr, obwohl er sich regelrecht aufdrängte, bisher noch nicht in den
Sinn gekommen. Die Vorstellung einer solchen familiären Bindung
amüsierte sie.

»Wir kennen ihn einfach so. Er ist unser Nachbar. Zumindest
ich« - sie betonte das ›Ich‹ auffallend stark - »verstehe mich mit
ihm blendend. Ein guter Freund. Na ja, nach dem Ausfall eines
anderen Bekannten war ich ganz froh, dass Hermann die Reise
mitmacht.«

»Und der riesige Altersunterschied?«

»Hm, bisher kein Problem. Im Gegenteil, in manchen Augenblicken habe ich den Eindruck, dass es gerade Hermanns hohes Alter ist, das Konflikte verhindert. Und ich glaube, dass dies über die Dauer der Reise so bleiben wird. Und außerdem -«

Sie zögerte einen Moment.

»- und außerdem wäre es mit Hajo allein sicherlich ein Horrortrip geworden. Er und ich verstehen uns nicht mehr so wie's mal war. Zu dritt kann ich mehr Freiheit und Friede halten. Vielleicht auch die Beziehung zu Hajo auf eine normale Freundschaft runter schrauben.« ›Mein Gott‹, schoss es ihr erschrocken durch den Kopf, ›jetzt geh ich aber furchtbar offen ran.‹

Sie schluckte.

Troels lachte, schaute etwas verschüchtert zu Boden. Er überlegte, wie er reagieren sollte. ›Wartet sie darauf, dass ich reagiere, vielleicht ihre Hand nehme? Oder etwas Liebes sage? Vielleicht ein Kompliment?‹ Er hob seinen Blick und schaute sie in einem kurzen Anflug von Hilflosigkeit treuherzig an.

Chris wäre am liebsten im Erdboden versunken. ›Über etwas anderes reden? Oder wieder zu den anderen zurückgehen?‹ Sie drückte ihre rechte Hand, mit der sie sich auf der Sitzbank abstützte, fester ins Polster. Ihre Gedanken wurden jäh durch ein plötzliches Kribbeln in den Fingern der Hand unterbrochen. Ihr Herz stockte. Troels Hand lag auf der ihren und umfasste sie langsam. Sie erwiderte den Griff. Sie blickten sich stumm, angespannt in die Augen. Troels beugte sich leicht vor. Chris reagierte sofort, drehte sich auf ihn zu und legte ihren Kopf an seine Schulter. Die Arme des Dänen schlossen sich sanft und fest um Chris. Wärme durchflutete sie. Ihre Hände legte sie auf seinen Rücken und drückten ihn fest an sich.

Deutschland war weit weg, Griechenland war weit weg. - Und Hajo auch.

Zärtlich küssten sie sich. Christine strich ihm mit der Hand durch das fein gelockte Haar. Sie hatte ihren Wuschelkopf! Seine warme Hand auf ihrer Wange ließ sie die Welt vergessen, trug sie weit fort.

Der reguläre Funkverkehr war eröffnet.

Tierleben in Montenegro

Die Stimmung am nächsten Morgen war sehr gereizt. Das plötzliche, fast gleichzeitige Verschwinden des Paares war für ihn deutlich genug gewesen. Aber, bei Gott, es war nicht die Eifersucht, die Hajo quälte. Zumindest nicht in erster Linie. Schon vor Antritt der Reise war das Ende der Beziehung abzusehen. Nein, dass er vor der Gruppe bloßgestellt wurde, ging ihm unter die Haut. Er fühlte sich in seinem Stolz zutiefst verletzt. Wie immer, wenn er einen Zweikampf in irgendeiner Form verlor.

Christine sah jedoch nicht ein, aus ihrem Herzen eine Mördergrube zu machen. In der Nacht hatte sie jede Art von Annäherungsversuchen seitens Hajo resolut zurückgewiesen. Nach dem Aufstehen bemühte sie sich, dem jungen Mann so schonend wie möglich, aber so direkt wie nötig beizubringen, das sie nun ihre Beziehung endgültig als rein freundschaftlich sehe.

Hajo reagierte auf seine Weise. Wortkarg führte er alle Handgriffe zur Vorbereitung des Frühstücks aus. Ließ es sich nicht vermeiden, mit einem der anderen zu reden, so tönten seine Worte barsch zwischen seinen Zähnen hervor. Dennoch fiel auf, dass seine Stimme gegenüber Hermann eine winzige Spur freundlicher klang als den anderen gegenüber.

Das Frühstück in der warmen Morgensonne verlief zunächst ohne jegliche Gespräche. Dann und wann warf Christine einen Seitenblick zu den Dänen, die einige Meter weiter neben ihren Maschinen auf Jakobs abmontierten Packkoffern saßen. Troels fühlte sich offensichtlich nicht sehr wohl in seiner Haut, und die Vorstellung, den Deutschen, genauer Hajo, beim Kaffee Gesellschaft zu leisten, bereitete ihm ein flaues Gefühl. Jakob erfasste die Situation, ohne ein Wort darüber zu verlieren, und machte keinerlei Anstalten hinüberzugehen.

Hermann hockte auf seinem Stammplatz, der Türschwelle, und beobachtete die vier. Obwohl die Missstimmung ihn als Dritten im Reisebunde direkt mit betraf, erfreute ihn das Schauspiel ein wenig. Keineswegs aus irgendeiner Boshaftigkeit heraus - ganz gewiss nicht. Er freute sich über die Entflammbarkeit und den Heißsporn jugendlicher Herzen. Eigenschaften, die seinem Herzen fremd geworden waren.

Trotzdem sah er absolut nicht ein, jetzt um der Situation Willen oder Hajo zuliebe auf die Gesellschaft der netten Dänen verzichten zu sollen. So stiefelte er, nachdem er den letzten morgendlichen Bissen heruntergeschluckt hatte, langsam und beschwerlich zu den beiden hinüber.

»Mann, ihr habt ja schon fast alles gepackt. Wie weit wollt ihr den heute fahren?«

»Och ...« Troels zuckte mit den Achseln. Er blickte zögernd zu dem Mädchen. Hermann begriff. Er warf einen kurzen Blick zu Jakob. Der nickte wissend und verschmitzt lächelnd und deutete mit einer Augenbewegung auf Christine. Scheinbar ahnungslos rief Hermann das Mädchen.

»Du, Christine, was glaubst du, wie weit werden wir heute fahren?«, fragte er mit Unschuldsmiene.

»Ich habe eben schon mit Hajo darüber gesprochen. Er meint, höchstens bis Titograd. Auf jeden Fall aber wohl weiter als Dubrovnik.«

Wie unbeteiligt wandte Hermann sich wieder Troels zu, der seine Frage ja noch offen hatte. Mit dem gleichen zögernden, nachdenklichen Gesichtsausdruck wie eine Minute zuvor antwortete der Däne langgezogen:

»Ja, weiter werden wir auch kaum fahren.«

»Toll! Fahren wir doch zusammen!« Es war Christine, die mittlerweile Hajo schmollend sitzen gelassen hatte und herübergekommen war. Sie lachte Troels befreiend und auffordernd an. Troels grinste bis über beide Ohren.

Die weitere Fahrt entlang der Küste war mit dem Vortag nicht zu vergleichen. Zwar hatte sich die Landschaft kaum verändert und der stundenlange Blick aufs Wasser und die Inseln wurde langweilig, doch das Wetter spielte mit. Klarer Himmel, Sonne und vor allem Windstille. Das dauernde Kurvenfahren machte Spaß, einen Mordsspaß. Weniger für Hajo oder Christine - Hajo hatte nach der anstrengenden Fahrt bis Zadar eingesehen, dass es besser war, sich mit Christine abzuwechseln - als vielmehr für die Motorradfahrer. Vor freien Kurven drehten sie etwas auf, tauchten hinein, mussten häufig schon im nächsten Moment aus dieser Schräglage die Maschinen auf die andere Seite legen, da Kurve auf Kurve folgte. Zwar konnte man während der Fahrt ihre Gesichter nicht erkennen - nicht einmal Jakobs, der seinen Schönwetterhelm, den

vorn ganz offenen Jet-Helm, trug; den anderen hatte er in einem
der Packkoffer verstaut - , doch man sah ihnen an jeder einzelnen
Bewegung die Begeisterung an. Dann und wann eilten sie weit
voraus, da sie entweder nicht das Tempo des langsamen Busses
halten wollten oder einfach vergaßen, zwischendurch mal in den
Rückspiegel zu sehen. Dann warteten sie an irgendeiner Ecke auf
die Nachzügler und konnten sich dabei in Ruhe die Küsten-
passagen unterhalb der Straße anschauen, die sie während der
Fahrt fast nie intensiv zu Gesicht bekamen.

Christine beobachtete in jeder Kurve dieses Schauspiel mit
wachsender Begeisterung.

Da mal mitfahren!

Kein Problem! Christine machte vor Begeisterung einen Luft-
sprung, als nach der ausgiebigen Mittagspause Jakob ihr den
Sozius, seinen zweiten Helm und einen Nierengurt anbot. Mit
seiner großen BMW konnte er das locker machen; Troels' kleine
Suzuki war dafür nicht so gut geeignet.

Himmlisch! Sie schaute an dem blauen Helm vor sich vorbei
über Jakobs Schulter auf die Straße, spürte durch das halboffene
Visier den warmen Fahrtwind. Wenn hier und da die Straße vom
Wasser wegführte, schienen die vereinzelt rechts vorbei-
huschenden Felsbrocken und Sträucher zum Greifen da. Anfangs
hatte sie Angst vor den Leitplanken, wenn sie sich ihnen in
Rechtskurven zuneigte, doch bald spürte sie einfach Wohlbehagen
und Begeisterung, ging auf in diesem besonderen Gefühl von
Freiheit und Beschleunigung. Manchmal fuhr Troels dicht von
hinten heran und setzte sich mit seiner Suzuki links neben die
BMW, schaute Christine an und zwinkerte ihr zu. Chris war selig.
Sie hatte den Himmel auf Erden. Mehr brauchte sie in diesem
Augenblick nicht.

Am späten Nachmittag waren sie alle - bis auf Christine - einig,
nicht mehr die Passstraße nach Titograd anzugehen und zu riskieren, in die Dunkelheit zu kommen, sondern die Nacht noch an
der Küste zu verbringen. Bei Petrovac fanden sie einen - ziemlich
miesen - Campingplatz.

Nach dem Abendessen hockten Hajo, Hermann und Jakob
noch in einer Gaststätte an der Hauptstraße. Scheinbar der

einzigen in diesem Nest. In dem kleinen, weiß getünchten Raum saßen noch ungefähr fünfzig Männer versammelt, zumeist mit Schnäuzer, unrasiert, einfach dunkel gekleidet, in heftigen Diskussionen verwickelt oder ihre Blicke auf das schlechte Bild des Fernsehers in der Ecke fixiert. Die Atmosphäre war laut - angenehm und wohltuend laut, wie Hermann für sich feststellte. So waren die drei gehalten, ebenfalls ein lebhaftes Gespräch zu führen, um sich zu verständigen. Hermanns und Jakobs Gestik steuerte ihren nicht unbeträchtlichen Anteil dazu bei.

Ansonsten war an der Unterhaltung zwischen den dreien nur bemerkenswert, dass Hajo den Tiefschlag des gestrigen Abends und des Morgens erstaunlich gut verdaut hatte. Überhaupt gewann Hermann den Eindruck, Hajo noch nie, auch nicht vor der Reise, so locker und munter gesehen zu haben. Galgenhumor oder Über- schwang wiedergewonnener Freiheit?

Chris und Troels schlenderten Arm in Arm am Wasser entlang. Der Mond tauchte die Szenerie in sein weißes Licht. Wellen spülten helle, glitzernde Schaumkronen an den Fels. Das Rauschen wurde in eintönigem Rhythmus von zurückliegenden Steinwänden reflektiert. Es mischte sich mit dem Rascheln der Zweige im Wind.

In Gedanken wiegte Chris sich noch von einer Kurve in die andere. Sie drückte den Dänen fester.

»Was machst du, wenn du nicht reist?«

»Studiere in Kopenhagen Deutsch und Englisch. Und du?«

»Pädagogik.«

Sie presste den Kopf fester an ihn. Er verlangsamte seinen Schritt noch mehr, blieb stehen. Seine Unsicherheit verschwand. Mit beiden Händen griff er zärtlich ihren Kopf und küsste sie unvermittelt. Sie löste sich sanft, griff seine Hand und zog ihn zu einem flachen Felsbrocken unter einem der wenigen vorhandenen Bäume. Sie setzte sich und zog ihn auf den Platz an ihrer Seite. Für eine Weile saßen sie stumm und regungslos. Dann legte sie sich auf den Rücken, ihren Kopf in Troels' Schoß. Verträumt versank ihr Blick zwischen den Blättern des Baumes hindurch in ferne Sternenwelten. Troels fuhr mit seiner Hand zärtlich durch ihr Haar. Er berührte vorsichtig ihre Schläfe und streichelte ihre Wangen.

»Chris, ich ... ich hab' dich gern.«

Ihr Herz zersprang nahezu.

Träume sind dafür da, dass man sie zumindest halt träumt. Chris fühlte sich, als würde das über ihr schwebende Weltall sie aufsaugen.

Ab dieser Nacht galt eine neue Schlafaufteilung: Hermann gesellte sich zu Hajo in den Bus, Chris schlief allein im Zelt.

»Die fahren wie die Henker«, schimpfte Hajo. »Die donnern mit den Sattelschleppern hier runter wie mit Sportwagen.« Der Bus hatte sowieso schon seine Schwierigkeit mit dieser extremen Steigung, doch vor jeder Haarnadelkurve ließ Hajo den Wagen fast ausrollen und suchte vorsichtig den weiteren Straßenverlauf mit den Augen ab, ob nicht eines dieser entgegenkommenden Ungetüme gerade mit unbändiger Fahrt in die Kurve ging.

Hätte er nur Gelegenheit gehabt zurückzuschauen, er hätte einen fantastischen Blick auf die Adria genießen können. Hermann und Christine konnten, aber der unbeschwerte Genuss wollte sich bei beiden nicht einstellen. Vor allem Hermann fühlte sich zunächst ausgesprochen unwohl. Seit sie eine knappen Stunde zuvor Petrovac verlassen hatten, fuhren sie in Serpentinen steil bergauf, ›gegen‹ die hinunter jagenden Lastkraftwagen. Mit lautem Getöse polterten die Anhänger, sprangen zwischen den Straßenunebenheiten auf und ab. Die hölzernen Seitenbegrenzungen der Ladeflächen schlugen gegeneinander. Die Bremsen quietschten ohrenbetäubend.

»Dem Zustand der verstreuten Ladung und den noch ziemlich frischen Ölspuren nach zu urteilen ist der Unfall frühestens gestern passiert.« Der schon nach wenigen Kilometern auf der rechten Seite umgekippt liegende Sattelzug regte die Phantasie der drei lebhaft an. Christine schaute sich die Szenerie im Vorbeifahren genau an. Zweifellos war der Laster auf der Talfahrt umgestürzt. »Der muss ein Wahnsinnstempo drauf gehabt haben. Oder die Bremsen haben versagt. - Mein Gott, wenn wir da gerade in der Kurve gewesen wären!«

Sie schluckte.

Die Dänen waren schon weit voraus. Chris wäre zu gern wieder auf einer der Maschinen mitgefahren.

»Sei nicht bös’, aber heute nicht«, hatte Troels nach Rücksprache mit Jakob abgelehnt. Zum einen wäre das Verkehrsverhalten der LKW-Fahrer gerade auf Pässen in dieser Gegend nicht so ganz ohne, zum anderen - und das sei viel gefährlicher - führt die Passstraße nach Titograd durch eine beträchtliche Anzahl von Tunnels, die durchweg unbeleuchtet und in schlechtem Zustand seien, wie ein Freund ihnen während der Reisevorbereitungen erzählt hätte.

So fuhren die beiden allein voraus. Schon nach wenigen Kurven waren sie aus Christines Augen entschwunden. Irgendwo oben auf der Passhöhe wollten sie sich wieder treffen.

Der Straßenbelag wurde mit jedem Kilometer schlechter. Sie hatten die schlimmste Steigung hinter sich, was Hermanns unwohles Gefühl merklich schwinden ließ, und fuhren nun durch ein Flusstal - nein, besser gesagt, durch eine Schlucht, denn links und rechts wurden Straße und grünblauer Gebirgsfluss von nahezu senkrecht aufsteigenden Felswänden flankiert. Doch folgte der Weg den Biegungen des Flusses nicht auf gleicher Höhe, sondern schlängelte sich teilweise beträchtlich höher in die linke Felswand gehauen durch das Tal.

»Na, da bin ich mal gespannt, ob's tatsächlich so schlimm wird«, sagte Hajo. »Zumindest die Sache mit den Tunnels scheint zu stimmen. Da vorn ist der erste.«

Sie holperten näher an das schwarze Loch heran. Hajo verrichtete regelrecht Schwerstarbeit, um den Schlaglöchern auszuweichen, was selbstverständlich nur möglich war, wenn auf der engen Straße keiner dieser vielen Lastzüge scheinbar jedes Hindernis ignorierend vorbeidonnerte. In fast regelmäßigen Abständen war die ›asphaltierte‹ Straße von Schotterabschnitten unterbrochen. Fuhr Hajo mit gleichbleibend niedriger Geschwindigkeit dahin - was meistens nicht zu verhindern war, da die Straßenbeschaffenheit im Allgemeinen bis auf die letzten wenigen Meter davor ein Rätsel blieb -, knallten die einzelnen Steine mit voller Wucht gegen die Radkästen oder den Unterboden. Ein Höllenlärm.

»Tatsächlich! Unbeleuchtet!«

Schon war der Bus von der Dunkelheit verschluckt. Nur die zwei kleinen roten Punkte des eingeschalteten Rücklichts waren von dem Bus von der Tunnelöffnung her noch zu erkennen.

Und drinnen, im Bus? Hajo hatte zwar, wie gesagt, das Fahrlicht eingeschaltet, doch weder er noch die beiden anderen konnten durch die große Frontscheibe auch nur eine Winzigkeit in dem einheitlichen, alles Licht verschluckenden Schwarz ausmachen. Es war beklemmend. Hajo spürte seine Nervosität. Ihm wurde heiß, sehr heiß. Sein Hals war wie zugeschnürt. Er hatte Angst. Chris und Hermann erging es nicht anders. Die noch an die soeben blendenden, hellen Sonnenstrahlen gewöhnten Augen konnten sich einfach nicht so schnell auf Dunkelheit umstellen. Sie waren gefangen in diesem Pechschwarz. Nur seitlich vorn, dort wo die Scheinwerferlichtkegel ihre Hell-Dunkel-Grenze auf die Fahrbahn und die seitlichen Felsen warfen, konnten sie Einzelheiten vorbeihuschen sehen und somit den Abstand zu den Wänden und damit ihre Position auf der Fahrbahn bestimmen.

Schon nach den ersten Metern hatte Hajo, so schnell er konnte, seine Sonnenbrille von den Augen gerissen. Gleichzeitig ging er voll in die Bremse. So krochen sie dann weiter durch das Loch.

Nach wenig mehr als hundert angsterfüllten Metern in einer langgezogenen unterirdischen Biegung empfing sie das grelle Sonnenlicht wieder und blendete die sich langsam an das Schwarz gewöhnenden Augen umso mehr. So war auch das plötzliche Licht für den Fahrer ausgesprochen gefährlich. Doch stellten die Augen sich viel schneller darauf ein. Und die Businsassen fühlten sich wieder frei.

Doch kaum an den hellen Tag gewöhnt, fing sie schon das nächste tiefschwarze Loch ein. Sie fuhren nicht schnell, höchstens dreißig. Für einen Blinden zu schnell. Extrem angespannt saß Hajo hinter dem Lenkrad.

Plötzlich und unvermittelt tauchte etwas rechts vorn auf.

Blitzschnell konnte er das Steuer vor dem Hindernis herumreißen. So vermied er im letzten Augenblick eine Kollision. Was dieses etwas gewesen war, hatte er nicht erkennen können. Doch das war ihm jetzt so ziemlich egal. Alles ging zu schnell. Er atmete tief durch und blies die Luft laut aus. Doch das Gefühl der Erleichterung ging unter in den heftigen Schlägen seines Herzens. Er spürte das Pochen, jeden Schlag im Hals.

»Au verflucht! Ich glaub', ich werd verrückt!«, schimpfte Christine.

»Muh! Muh!«, brüllte Hermann von hinten. Entweder hatte er den Ernst der Situation erst gar nicht begriffen oder er hatte sich als erster sehr rasch von dem Schreck erholt. Er lachte.

Hajo schaute Chris kurz entgeistert an. ›Jetzt ist Hermann komplett durchgedreht.‹ Sowas ähnliches drückte sein Blick zweifelsfrei aus.

Doch Christines Nicken war nicht als Zustimmung gemeint.

»Ich glaub', wir sind im Kuhstall! So'n Viech mitten im Tunnel!« Sie schüttelte erschreckt und entgeistert den Kopf.

»Muh!«, tönte es von hinten. Hermann schlug sich vor Vergnügen mit der Hand auf den Schenkel. Da er nicht vorn saß, hatte er den Ernst der Situation tatsächlich nicht mitbekommen. Dafür konnte er aber das Schauspiel - die Kuh im Tunnel - am Seitenfenster umso besser beobachten und - halt auf seine Weise – genießen.

»So etwas hätte ich mir im Traum nicht vorstellen können! Da müssen wir ja aufpassen, dass uns nicht noch ein Bauer mit dem Melkschemel in die Quere kommt, he?! Möchte jemand einen Becher Milch?«

Chris lachte laut auf.

Auch Hajos Anspannung löste sich. Doch nicht, weil er in irgendeiner Form von dem Alten angesteckt worden wäre. Im Gegenteil, konzentriert klebte sein Blick und damit seine gesamte Aufmerksamkeit an dem Dunkel vor sich. Die letzten Worte hatte er nicht mehr mitbekommen. Nein, endlich sah er wieder einen hellen, größer werdenden Punkt vor sich. Im Gegenlicht der Tunnelöffnung konnte er endlich wieder den Zustand der Straße einschätzen.

»Stopp! Hajo, halt an! Hier, auf dem Parkplatz!«

Kaum wieder im Licht hieß Christines Stimme ihn in die Bremsen steigen. Sie hatte die beiden Motorradfahrer rechts am Rande einer größeren Parkfläche entdeckt. Hajo steuerte den Bus bis dicht an den Abgrund heran und hielt gleich neben den Maschinen.

Christine sprang eilig aus dem Wagen und verschwand zwischen zwei Felsblöcken auf einem schmalen Pfad nach unten. Die beiden Männer folgten langsamer - Hermann wegen seiner Beine, Hajo, weil er noch die Anstrengung der letzten Stunde in allen Knochen spürte. Vor allem auf dem engen Abstieg - es waren allerdings nur knapp eineinhalb Meter - keuchte der Alte und hatte einen etwas schmerzerfüllten Gesichtsausdruck. Doch er sagte kein Wort und wollte sich auch keinesfalls von Hajo helfen lassen. Seine Hände und Arme waren schließlich noch in Ordnung, und so fand er sicheren und festen Halt an den Felskanten und vereinzelten Ästen oder Wurzeln.

Seine Anstrengungen wurden mehr als belohnt. Sie standen auf einem Felsvorsprung am Rande der Schlucht. Vielleicht fünfzig

Meter steil unter ihnen rauschte ein Gebirgsfluss, Windung auf Windung durcheilend. Die weißen Schaumkronen auf dem leuchtend grünblauen Wasser ließen ahnen, wie reißend die Strömung war. Heftig brachen die Kanten und Ecken der auf den letzen zwanzig, dreißig Metern senkrecht in die Tiefe abfallenden Felsen die Bewegungen, warfen das vorbeidonnernde Wasser in die Mitte der Schlucht zurück. Das Tosen hallte zwischen den nackten Steinwänden. Der Fluss mochte sieben, acht Meter breit sein. Und wie tief? Die steilen Wände ließen Hermann schließen, dass ein Mensch kaum noch darin stehen könnte; na ja, vielleicht schaute noch der Kopf heraus, aber mehr nicht.

Weiter oben, da wo die Wände nicht mehr so senkrecht fielen, wuchsen Büsche und kleine Bäume. Das dunkle, kräftige Grün bildete einen hervorragenden Kontrast zu dem hellen Fluss weiter unten und wurde nur von der am Hang entlangführenden Straße unterbrochen. Das in vielfältigen Schattierungen auftauchende Grau der Felsen lag neutral zwischen dem Hell des Wassers und dem Dunkel der Pflanzen. Die am blauen Himmel unbehindert scheinende Sonne erhellte ›ihre‹, die nördliche Uferseite. Das steile Felsgestein weit unten drüben auf der anderen Seite lag in dem Dunkel des Schattens. Ganz in ihrer Nähe, verstreut zwischen einigen Felsvorsprüngen, blühten sogar langstielige, gelbleuchtende Blumen. Irgendwie fanden ihre Wurzeln in den feinen Felsspalten halt.

Hermann saugte jede Einzelheit dieser urwüchsigen, wilden Landschaft in sich auf.

Und links von ihm, flussaufwärts, den weiteren Verlauf der Straße mit den Augen verfolgend, entdeckte er hinter einer leichten Biegung knapp dreihundert Meter weiter schon das nächste schwarze Loch, Tunnel Nummer drei. Man konnte ihn nur von hier sehen. Vom Parkplatz oder gar von der Fahrbahn aus sah man lediglich die Straße in einer Biegung um den Felsen verschwinden.

Hermann wandte sich um. Erst jetzt entdeckte er Christine auf einem großen, langen Stein zwischen den beiden Dänen hockend. Troels hatte seinen Arm liebevoll um ihre Schultern gelegt, ihre linke Hand lag auf seinem Knie.

»Das Biest war einfach nicht zu erkennen! Einfach unmöglich! Aber Jakob - er fuhr voraus - hatte noch größere Schwierigkeiten. Trotz seines großen Halogenscheinwerfers sah er die Kuh auch viel zu spät. Zwar konnte er noch nach links ausweichen ... - Mein Gott, war das knapp!« Der Schreck saß den beiden Motorradfahrern noch in den Knochen. »Aber dann ging er voll in eines dieser Schlaglöcher. Das Durchschlagen der Vordergabel hab' sogar ich einige Meter hinter ihm gehört. Dabei hat es ihm den Lenker ganz kurz nur verrissen. Um ein Haar wäre es passiert. In wildem Schlangenkurs hat er die Balance letztlich doch wiedergefunden.«

Jakob schien zu verstehen, was Troels erzählte. Er blickte Christine an und lachte verkniffen, offensichtlich noch unter dem Eindruck des Schrecks.

»Und jetzt?«, fragte das Mädchen.

»Den Rest des Tages fahren wir hübsch und stur hinter euch her. Ihr seid jetzt unser Rammbock.« Troels grinste. Christine lachte zurück. Sie war froh, dass den beiden in dem Tunnel nichts passiert war. Und dass sie ihren Troels ab jetzt immer sehen konnte, wenigstens heute.

»Und gleich öffnen wir das nächste Türchen!«

Die vier jungen Leute drehten sich entgeistert um.

»Na ja«, erklärte Hermann verschmitzt, »diese Straße ist doch wie ein Adventskalender. In jedem Tunnel 'ne Überraschung!«

Hermanns Bauch wippte, die Lachmuskeln zuckten. Das Lachen schwappte auf die vier über.

Jetzt erst fanden Christine und Hajo, der ebenfalls interessiert den Dänen zugehört hatte, die Zeit, die Schlucht zu bewundern. Der Anblick begeisterte!

Nach einer halben Stunde brachen sie wieder auf und fuhren in der abgesprochenen Reihenfolge: Bus, Jakob, Troels.

Bald zählten sie die Tunnels nicht mehr. Zu ihrem Schrecken bewahrheitete sich Hermanns Scherz hier und da. Schafe, riesige Schlaglöcher, unbeleuchtete Lastwagen und dann der absolute Höhepunkt und Hit des Urlaubs: eine ungesicherte und unbeleuchtete Baustelle mit einer Handvoll Arbeitern in einem der längsten Tunnels. Kein Schild, kein Warnposten an der Tunneleinfahrt. Einfach nichts!

»Und überlegt euch nur mal, wir fahren einen von denen über den Haufen!« Hajo sah sich in Gedanken mit einem Bein in irgendeinem Bergdorf weitab im Gefängnis. Er spürte ein Frösteln im Rücken.

Ab diesem Zeitpunkt rechneten sie mit allem. Sogar der nächste Knüller war keine eigentliche Überraschung mehr: ein

Loch, ein riesiges Loch von etwa eineinhalb mal eineinhalb Metern, natürlich ungesichert, ohne Absperrung, in der Fahrbahn einer Brücke über ein tiefes Tal! Nein, nicht etwa Schlagloch. Loch! L-O-C-H! Zum Durchgucken und Durchspucken. Es war auf der rechten Straßenhälfte und so konnten Chris und Hermann, als sie links vorbeifuhren, einen Blick durchwerfen. Lediglich einige vereinzelte Eisenstreben störten die Aussicht auf den tief unten fließenden Bach.

Die Dänen hatten Hajos Zeichen verstanden und passierten gefahrlos.

Bald hatten sie Titograd erreicht.

»Eigenartig«, bemerkte Christine. »Hier hängen überhaupt keine Bilder von Tito in den Fenstern oder Autos.«

Unten an der Adria, vor allem in den großen Städten, hatten sie in nahezu jedem Haus in den Fenstern Bilder des wenige Wochen zuvor verstorbenen Staatspräsidenten und hier und da auf Halbmast wehende Fahnen gesehen. Aber hier ... Während der Fahrt durch die trostlos eintönige Stadt zählte Christine gerade eine Handvoll Fotos, fast alle an Autos, vielleicht von Durchreisenden.

»Scheint ein anderes Volk zu sein. Die Menschen hier wirken überhaupt anders, weniger europäisch. Die Männer in ihrer ausnahmslos dunklen Kleidung, mit den riesigen Schnäuzern. Außer in der Kneipe an der Küste haben wir lediglich Menschen mit einem vertrauteren Äußeren gesehen.«

Sie fuhren mittlerweile wieder über freies Land.

»Wir sind halt auf dem Weg in den Orient«, erwiderte Hajo dem Mädchen. Vereinzelt zu beobachtende Kopfbedeckungen, Kappen und Mützen bei den Männern und Kopftücher bei den Frauen bestätigten ihn.

Einfache Dörfer lagen am Wegesrand. Hier und da Zigeunerlager. Einmal sogar, an einem breiten Fluss, ein großer Markt. Kinder am Wegesrand winkten, Kinder am Wegesrand spuckten.

»Warum tun die das?«, fragte Christine betroffen. Hajo zuckte mit den Schultern, Hermann reagierte gar nicht, sondern machte sich traurig aus dem Fenster blickend seine Gedanken.

Hajo fiel Jonas ein. Damals, noch bevor er in die Schule kam, hatte er den großen Blauwal gesehen. Das riesige Tier war präpariert und auf einem langen Sattelzug von Stadt zu Stadt transportiert und vor allem auf Volksfesten gegen ein paar

Pfennige Eintritt gezeigt worden. Er hatte sich ein so riesiges Tier bis dahin einfach nicht vorstellen können und nun lag Jonas, der Blauwal, da vor ihm, und er hätte in dem riesigen Maul bequem schlafen können. Mit Ungeduld hatte er damals mit seinem Vater in der Warteschlange vor dem Sattelzug gestanden voller Erwartung auf das Unbekannte unter der Plane, und noch Tage später hatten sich alle seine Spiele und Geschichten um dieses riesige Tier gedreht. Vielleicht ging es den Kindern hier ähnlich, wenn sie die schweren Motorräder sahen.

»Aber einige haben doch gespuckt!«

Christine wandte sich nach hinten und blickte Hermann fragend an. Der schaute ihr mild in die Augen.

»Führen wir denen nicht auch etwas vor, das sie vielleicht nie erreichen? Ob wir Neid wecken?«

Das Mädchen schaute betreten in die Landschaft.

Vorbei an ausgedehnten Rapsfeldern und Dörfern und Städten mit den ersten Minaretten, die sie auf ihrer Fahrt sahen, erreichten sie bei Skopje den als gefährlich berüchtigten Autoput.

›Ob der wirklich gefährlicher ist als die Strecke, die wir hinter uns haben?‹, dachte Hajo.

Nach einer Stunde problemloser Fahrt auf dem Put bog er bei Negotino, direkt an der Straße, in die Einfahrt eines Campingplatzes.

Pausenlos donnerten die Fernlaster vorbei. Die Nacht wurde tierisch laut.

Drei links, zwei rechts

»Es gibt schon komische Menschen!« Hermann dachte an den jungen Holländer, den sie am Morgen auf dem Campingplatz kennengelernt hatten.

»Mit dem Fahrrad bis nach Syrien und wieder zurück zur Nordsee! Einfach toll!«

Diese Leistung hatte Hermann mächtig imponiert. Er war noch immer tief beeindruckt.

»Auf so eine verrückte Idee wäre ich nie gekommen.« – »Hätte ich wohl auch gar nicht gekonnt«, fügte er nach kurzer Pause nachdenklich hinzu.

Er dachte wieder an Lisa, an die hübsche junge Frau, die so kräftig zupacken konnte.

»Mit dem Fahrrad und dem Zelt durch die Welt«, murmelte er. »Das hätte ihr sicherlich die herrlichste Freude bereitet.«

Er schüttelte ganz leicht den Kopf, als wollte er damit seine Gedanken loswerden. Zum wiederholten Male griff seine Hand den vor ihm in der Ablage steckenden Reisepass. Er schlug die Seite mit dem frischen Stempel auf.

»Nummer zwei.« Stolz betrachtete er die unverständlichen Zeichen.

»Dieses spitze große E benutzen wir doch auch, oder?« Er wandte sich an Hajo.

»Ja. Aber nicht E, sondern Sigma.«

»Wie?«

»Ein Sigma. Es entspricht am ehesten unserem S.«

»Mhm.« Hermann nickte bedächtig und zog die Mundwinkel nach unten, ratloses Staunen und unbegründete Zustimmung zugleich ausdrückend.

»Na ja, und wir benutzen es halt als Zeichen für Summe - S wie Summe.«

»Mhm.« Hermann bemühte sich, möglichst aufmerksam und interessiert zu schauen. Eigentlich kümmerte ihn ja doch nur das Zeichen. Die nackte Form - ohne zugeordnete Bedeutung - gefiel ihm halt.

»Du siehst, man hat viel zu wenig Ahnung von Dingen, die man gar nicht kennt«, sagte er freundlich lächelnd zu Hajo. »Stimmt's?« Die Frage richtete er an Christine. Er hatte sich umgewandt und schaute das Mädchen an. Chris hockte schon den ganzen Tag sehr schweigsam auf dem Rücksitz. Hermann wollte sie in das Gespräch einbeziehen. Doch sie reagierte nicht so wie erhofft.

»Hm.« Mehr nicht.

Hajo fühlte sich nicht sehr wohl in seiner Haut. Er dachte - wohl zum ersten Mal während der letzten drei Tage - über sich und sein Verhalten nach.

›Mein Gott, so schulmeisterlich hätte ich mich ja auch nicht benehmen müssen. Die Hauptsache war doch, dass ich wusste, welches Zeichen Hermann meinte‹, schoss es ihm durch den Kopf.

›Hab' ja früher selbst geglaubt, es sei ein E. Und Hermann, ihn hat's wahrscheinlich nicht mal wirklich interessiert.‹

Er schaute den Alten rechts von sich freundlich und herzlich an. Ja, er hatte ihn richtig ins Herz geschlossen. Er mochte seine unkomplizierte, offene Art. Hermann konnte sich über Kleinigkeiten freuen. Von den dreien war er derjenige, der sich am meisten für Land und Leute begeistern konnte. Er war zu einfachsten Grundgefühlen fähig und vor allem dazu, sie zu zeigen und zu versuchen, die anderen einzubeziehen. Er schaute wieder auf die kaum befahrene Autobahn. Nur noch wenige Kilometer bis Thessaloniki. Verabredungsgemäß überholten die Dänen den Bus. Sie sollten als Lotsen in der großen Stadt fungieren. Jakob war bereits zwei Jahre zuvor hier gewesen. Damals war er auf dem Rückweg aus der Osttürkei gewesen. Kurz vor Thessaloniki hatte er damals einen dummen Fehler begangen: er hatte ein STOP-Schild beachtet. Damit hatte der griechische Autofahrer hinter ihm ja schließlich nicht rechnen können. Die anschließende Reparatur des Motorrads hatte dann über eine Woche gedauert. Als Jakob vorschlug, die Werkstatt von damals jetzt kurz zu besuchen, stimmten die anderen vier zu. Dort wollten sie sich dann auch trennen.

Christine verfolgte die beiden während des Überholvorgangs mit traurigen Augen.

Jakob hatte ein gutes Gedächtnis. Nach knapp einer halben Stunde bogen sie im Zentrum der Stadt in eine schmale Seitengasse ein. Die linke Seite der Gasse wurde durch die Rückwände irgendwelcher Häuser oder hoher Gartenmauern gebildet. Doch rechts herrschte Leben. Hier reihten sich Mini-Läden - die meisten kaum größer als durchschnittliche Badezimmer - und Werkstätten für alle möglichen Auto- und Motorradfabrikate kunterbunt gemischt aneinander. Die Schaufenster, soweit überhaupt vorhanden, waren bis zur Oberkante mit jeder Art von gebrauchten oder noch verpackten, neuen Autozubehörteilen vollgestopft. Die Tore der Werkstätten standen offen. Drinnen herrschte geschäftiges Treiben. Karosserieteile und Werkzeuge lagen wild durcheinander in den Ecken. Die vor den Läden abgestellten Fahrzeuge und die herumstehenden Männer ließen darauf schließen, dass die Geschäfte gut liefen.

Vor einer dieser kleinen Werkstätten mit einem BMW-Zeichen hielt Jakob an. Die Dänen stellten ihre Maschinen auf der gegenüberliegenden Seite ab, Hajo parkte vor dem Geschäft neben der Werkstatt.

»Hei, Christos!« Jakob brüllte in die geöffnete Garage. Doch das wäre gar nicht nötig gewesen. Offensichtlich vom Klang des Motors herausgelockt, erschien der Gerufene schon im nächsten Moment in der Tür. Er war etwa fünfunddreißig, etwas kleiner als Jakob, hatte die typisch schwarze Haarfarbe. Sein blauer Overall und seine Hände waren ölverschmiert. Die weit aufgerissenen Augen und der leicht geöffnete Mund sprachen Bände - Staunen und Überraschung. Für einige Augenblicke wanderte sein Blick unruhig zwischen dem Motorrad und Jakob hin und her. Dann zog sich sein Mund zu einem breiten Grinsen auseinander. Die Arme in die Luft gerissen stürzte er auf den Dänen zu und musste sich offensichtlich zurückhalten, ihn mit seinen ölverschmierten Händen zu umarmen.

»Hallo, wie geht es dir, he?«

Hermann, der die Szene aus zwei Metern entfernt verfolgte, verstand zwar nicht die Englischbrocken, die da flogen, aber die spontane Freundlichkeit und Erregung des Griechen trafen genau sein Herz. Er verstand ihn, und urplötzlich erfasste auch ihn Unruhe und Begeisterung. Als Jakob ihn und die anderen vorstellte, plapperte und gestikulierte er auch drauflos, was das Zeug hielt. Dass der Grieche kein Wort verstand? Was soll's? Schnell gesellten sich andere Männer zu den sechs, gestikulierten mit, palaverten mit. Sie bewunderten den Bus und vor allem die Motorräder. Einer, der offensichtlich älteste, sprach sogar deutsch. Sofort nahm Hermann ihn in Beschlag. Jetzt hatte er seinen Dolmetscher.

Christos winkte sie in die Garage. Stolz präsentierte er sein neues Motorrad, eine 750-er BMW, eigenhändig lila-metallic gespritzt.

»Sie gehörte einem Deutschen. War zu schnell. Ist gegen einen Lastwagen gefahren. Ist jetzt tot. Ich habe das Motorrad repariert. Anders wäre ich bestimmt nie an eine so wunderschöne BMW gekommen.«

Seine Augen funkelten, als er dermaßen den Erwerb seines Prachtstückes beschrieb. Jakob und Troels guckten eher ein wenig betreten. Schilderungen von derlei Unfällen lagen ihnen gar nicht, seien sie auch noch so knapp. Sie zwangen sich ein trockenes Grinsen ab.

Nur Christine schaute als einzige der Umstehenden abgesehen von ganz wenigen Momenten mit traurigen Blicken drein. Vielleicht in einer Stunde?

Einer der in der Werkstatt arbeitenden Jungen wurde losgeschickt, zwei Geschäfte weiter eine Runde griechischen Kaffees zu holen. Nach fünf Minuten kam er wieder, in den Händen ein Tablett mit etwa zehn kleinen weißen Tassen schwarzen Kaffees. Die Umstehenden griffen zu.

Jakob musste Christos viele Fragen beantworten. Wie er damals nach Hause gekommen sei. Was er von seinem Unfallgegner gehört habe. Wie denn die Maschine heute so laufe. Wie ...

Hajo und Troels schauten sich die Einzelheiten der Werkstatt an. Die Unordnung war anscheinend doch keine. Der Junge, der an einem zweiten Motorrad arbeitete, fand alles, was er brauchte, immer mit dem ersten Griff.

›Ob der sich in unserer Ordnung zurechtfinden würde?‹, dachte Hajo.

Der alte Grieche zog Hermann zu seinem kleinen, dreirädrigen Lieferwagen.

»BMW!«, verkündete er stolz.

Hermann schaute genauer. Lastauto? Von wegen. Vorn war das eindeutig eine alte 500-er oder 600-er BMW, mindestens zwanzig Jahre alt. Hinter dem Fahrersitz fehlte jedoch das gewohnte Motorradhinterteil. Die Kardanwelle war um etwa eineinhalb Meter verlängert und endete in einer üblichen Autohinterachse mit Achsgetriebe. Darüber saß die Ladefläche. Die Krönung des ganzen war die selbstgezimmerte Kabine vor der Ladefläche, die Sitz, Tank und Lenker umschloss und oben, an den Seiten und sogar zum großen Teil unter dem Fahrer Wetterschutz bot.

»Glaubst du an Gott?«

Hermann schaute verwirrt.

»Äh, wie ... äh, ja. Warum?«

Der Grieche öffnete ohne zu antworten die Kabinentür und griff ins Werkzeugfach. Er hielt Hermann ein handgroßes, schlichtes, braunes Holzkreuz mit einem aufgenagelten, silberfarbenen Jesus Christus entgegen.

»Hier, schenke ich dir. Hat meine Frau selbst gemacht. Echt Silber. Für mich. Sollte ich mir hierhin hängen.« Er zeigte auf zwei Nägel in der Kabine über der Frontscheibe. »Aber ich glaube nicht

an Christus. Bin ich jetzt zu alt zu.« Er machte eine lässige Handbewegung und zwinkerte verschmitzt grinsend.

»Äh, ... danke«, stotterte Hermann.

Doch der Grieche reagierte lediglich wieder mit einer Handbewegung, abwertend und großzügig, und trat den Motor an. Stolz
deutete er nochmal an, dass der Motor tatsächlich auf den ersten
Tritt angesprungen war. Er setzte sich auf, winkte lachend zum
Abschied und knatterte davon. Der wortlose Hermann schaute ihm
noch eine Zeitlang nach, das Kreuz in der Hand.

*

In einer einfachen Eckkneipe warteten sie auf das bestellte
Essen.

Christos hätte sie am liebsten gar nicht gehen lassen. Pausenlos
hatten sie erzählt, gestikuliert, gelacht, über Motorräder diskutiert.
Es fiel schließlich allen fünfen schwer, das Gespräch zu beenden,
Christos mehrmals in seinem herzlichen Wortschwall zu unterbre-
chen und sich nachdrücklich zu verabschieden. Zwar wollten sie
nun ihre Fahrzeuge in der Gasse stehen lassen, doch würden sie
den Griechen nachher nicht mehr sehen, da er seine Werkstatt
über die Mittagszeit geschlossen hatte und bei seiner Familie war.

Die Stimmung der jungen Leute war augenscheinlich sehr
unterschiedlich. Hajo und vor allem Hermann zeigten ihre nach-
haltig gute Laune in lauten Worten, wiederholten in ihrem
Gespräch immer wieder Einzelheiten der Begegnung mit Christos
und dem alten Griechen. Hermann hatte das kleine Holzkreuz mit
in die Wirtschaft genommen und vor sich auf den Tisch gelegt. Alle
paar Sekunden fiel sein Blick aufgeregt auf das unerwartete
Geschenk. Der alte Grieche hatte ihm mächtig imponiert.

Jakob war weniger laut oder unruhig, doch er teilte die Freude
der beiden. Allerdings nicht, weil er noch unter dem Eindruck
unerwarteter Erlebnisse stand, als vielmehr wegen der Erfahrung,
einer bereits bekannten Herzlichkeit und Freude unverändert nach
zwei Jahren wiederbegegnet zu sein. In seinen Gedanken und
Erinnerungen war das Bild des kleinen, lachenden Griechen vor
seiner Werkstatt in der belebten Seitengasse immer präsent gewesen. Er lächelte still und glücklich vor sich hin, dann und wann ein
wenig ernster und - so schien es Hermann - mitleidvoll zu
Christine und Troels hinüberschauend.

Zum ersten Mal fiel Hermann auf, dass Jakob von den vier jungen Leuten der mit Abstand Ausgeglichenste war. Auch wenn er seine Worte nicht verstand, so war ihm doch die Ruhe und Festigkeit seiner Stimme in ihrem Klang offenbar. Selbst in der extremen Situation in dem Sturm, als er ihn mit der umgestürzten und beschädigten Maschine gesehen hatte, zeigte der junge Mann Besonnenheit und Sicherheit. Seine blauen Augen strahlten demjenigen, den sie ansahen, Freundlichkeit entgegen, unterstützt von einem unaufdringlichen, scheinbar immer möglichen Lächeln und einer Unzahl feiner, doch nur aus kürzester Entfernung zu sehenden Sommersprossen. Hermann schätzte ihn auf ein bis zwei Jahre älter als Troels; na ja, vielleicht lag das auch nur an Jakobs kurzen - in Hermanns Jargon ›manierlichen‹ - dunkelblonden Haaren. Zugegebenermaßen hatte Hermann bei Altersbestimmungen unter dreißig in den letzten Jahren nicht gerade ein glückliches Händchen bewiesen. Als sehr positiv wertete er die Tatsache, dass Jakob keinen Bart trug.

›Sein - na, fast väterlicher Blick zeigt, wie sehr er mit den beiden Verliebten fühlt‹, dachte Hermann. ›Direkt so, als wolle er über beide seine schützende Hand halten. ... Na ja, aber auch ein bisschen so, als kenne er alle Probleme der Liebe und stehe darüber ... aber nur ein bisschen. Eine schmerzliche Situation für die beiden, weiß ich ja aus eigener Erfahrung. So kurz vor der Trennung.‹

Er schaute Chris und Troels an, die eng beieinander auf der Bank an der Wand saßen. Beide schauten nicht sehr glücklich, doch Christine schoss von allen den Vogel ab. Sie blickte bedrückt in der Runde umher, sagte keinen Ton - hatte wohl einen fürchterlich dicken Kloß im Hals -, schaute dann und wann unsicher Troels an. Der lächelte dann aufmunternd - oder versuchte es zumindest - nickte leicht, kaum merklich und drückte ihre Hand ein wenig fester.

›Hübsch, wie Troels sich um sie bemüht, um ihr die Sache einfacher zu machen‹, dachte Hermann. ›Trennungsschmerz.‹ Seine Gedanken flogen für wenige Sekunden über dreißig Jahre weit zurück. Er sah Lisa als junge Frau vor sich.

Christines Stimme schreckte ihn aus seinem Tagtraum auf.

»Hajo, Hermann, ich ... mir fällt das jetzt ganz schön schwer.« Sie atmete tief und schwer. Und sprach unsicher.

»Ach komm, nimm's nicht so tragisch«, erwiderte Hajo mit sanfter Stimme und fügte zur Verstärkung noch lächelnd und mit kurzem Nicken auffordernd ein aufmunterndes »Hmm?« hinzu, die Stimme dabei leicht hebend.

»Ach, Hajo! Ich habe heute Morgen vor dem Frühstück lange mit Troels gesprochen. Auch mit Jakob. Ich ... ich komme nicht mit nach Istanbul.«

Woum! Das saß!

Hermann und Hajo starrten sie entgeistert und zunächst sprachlos an.

»Waaas?!«, polterte der junge Deutsche dann los. Aber schon im nächsten Augenblick saß er wieder mit dem gleichen erstarrten Blick und bewegungslos geöffneten Mund da.

»Bitte, Hajo, Hermann, bitte seid mir nicht böse. In einigen Tagen treffen wir uns dann in Südgriechenland wieder, ... wenn ihr wollt.« Wenn sie nur gekonnt hätte, auf der Stelle hätte sie mit den Fingern geschnipst, um sich in Luft aufzulösen. Sie hatte ein erdrückend schlechtes Gewissen.

»Und was willst du machen? Oder was wie?« Hajo fingerte eine Zigarette aus Jakobs Schachtel. Er selbst hatte seit einem halben Jahr keine mehr angerührt.

»Na ja, ich fahre auf der größeren, auf Jakobs Maschine mit. Auf der kleineren ist ja kaum Platz. Und bekomme seinen zweiten Helm und den dicken Nierengurt. Na, der Rest der Kleidung ist bei diesen Temperaturen nicht so wichtig. Die beiden wollen ja sowieso nicht so schnell fahren.«

Hajo machte einen tiefen Zug an der frisch angezündeten Zigarette. »Und dein Gepäck?«

»Schlafsack und eine Tasche voller Utensilien und Kleidungsstücke. Habe ich heute morgen alles schon um- und zusammengepackt. Das können wir noch problemlos auf die Motorräder schnallen.«

Hajo betrachtete sie scharf. »Wir?«, fragte er mit deutlich verächtlichem Unterton. »Der Gruppenwechsel läuft bei dir aber sehr schnell!«

Jakob bemühte sich, das Gespräch zu verstehen. Er schaffte es teilweise auch und konnte sich den Rest denken. Letzteres war allerdings absolut kein Problem nach der für ihn überraschenden Diskussion mit Christine und Troels am Morgen. Er hatte die Idee gar nicht gut gefunden, doch wollte er dem Freund das vermeintliche Glück nicht kaputt machen und hatte daher akzeptiert. Nun versuchte er, Hajo in Englisch zu beruhigen.

Hermann, bisher vor Erstaunen wie versteinert und stumm wie ein Fisch, fand endlich seine Sprache wieder. Offensichtlich hatte sein Gehirn weitaus schneller wieder gearbeitet als sein Mundwerk.

»Ach komm, Hajo! Das Mädchen hat für sich eine Entscheidung getroffen. Da sollten wir nicht reinreden. Sicher, es wäre schöner, wenn wir drei zusammen weitergefahren wären. Aber wäre es wirklich so toll, wenn Christine gegen ihren wirklichen Wunsch mit uns mitfahren würde, in Gedanken aber einige hundert Kilometer weit weg lebte? Warum sollen wir beide nicht viel Spaß auch alleine haben? - Vielleicht sogar mehr?«

Hajo kühlte ab. Sein Gesicht wurde noch während Hermann auf ihn sanft einredete freundlicher und gelöster. Sein Gefühl der Zuneigung zu dem Alten, das er schon am Morgen auf der Autobahn zum ersten Mal bewusst empfunden hatte, stieg wieder in ihm auf. Und Hermann hatte ja Recht, so Recht. Die Beziehung zu Chris war eh kaputt, es stand ihm nicht an, über sie zu bestimmen. Und der Gedanke, ohne Christine ... Hajos Mund zog sich zu einem leichte Grinsen. Er drückte nach wenigen gemachten Zügen die Zigarette wieder aus. Sie schmeckte doch nicht. Aber die Fahrtkosten! In seiner alten Biestigkeit wollte er gerade wieder anheben, als ihm Hermann freundlich dazwischenfuhr, ob er es nun geahnt hat oder nicht.

»Außerdem haben wir den größten Teil der Anreise schon hinter uns. Und wenn wir Christine in einigen Tagen wieder aufpicken, sollte auch die Fahrtkostenbeteiligung kein Thema sein, oder?«

›Kann er Gedanken lesen?‹ Hajo zögerte.

»Okay.« Hajo blickte Troels und Christine Zähne knirschend freundlich an.

»Meinen Segen habt ihr.« Seine Überheblichkeit blitzte wieder durch. Als hätte auch nur irgendwer auf seinen Segen gewartet!

Aber das war auch egal. Die Verkrampfung löste sich. Erst lachte einer, dann stimmten ganz langsam alle nacheinander ein. Das Problem war gegessen.

Während der Mahlzeit vereinbarten sie einen genauen Treffpunkt, ein nicht zu großes Dorf, damit man sich nicht verfehlte: Gerolimin ganz im Süden des Peloponnes. In einer Woche oder ein, zwei Tage später.

Wieder bei den Fahrzeugen ging alles fürchterlich schnell. Man konnte sich des Eindrucks nicht erwehren, dass die fünf die trotz allem etwas unbehagliche Aktion eilig hinter sich bringen wollten. Chris hatte ihre Sachen flink auf den Motorrädern verzurrt. Hajo und Hermann umarmten jeden der drei noch einmal herzlich und wünschten ihnen von ganzem Herzen bis zum Wiedersehen alles Gute.

Kurz darauf setzte sich die fünf mit den Fahrzeugen stadtauswärts auf der Ausfallstraße Richtung Norden in Bewegung. Schon bald trennten sie sich an einer belebten Kreuzung ohne anzuhalten: drei links dem Wegweiser nach Athen folgend, zwei rechts mit Volldampf nach Istanbul.

Im Rückspiegel erblickte Hajo noch einmal Christine in ihrer blauen, flatternden Windjacke.

»Tschau, bis bald«, murmelte er leise vor sich hin.

Wieso hätte er auch vermuten sollen, dass er in Gerolimin das Mädchen vergeblich suchen würde.

Türk Trafici

»Da vorn ist die Grenze.« Hajo deutete mit einer Kopfbewegung nach vorn.

»Was? So schnell? Toll! Vor einer Stunde erst in Alexandroupolis gefrühstückt und gleich schon in der Türkei. Brauch ich wieder meinen Pass?« Hermann griff schon ungeduldig das grüne Heftchen mit dem goldenen Aufdruck.

»Na klar.« Hajo hielt an. Nach der Abfertigung an der griechischen Zollstation überquerten sie einen größeren Fluss zur türkischen Seite.

»M-e-hric Nehri«, buchstabierte Hermann, die Landkarte auf seinen Beinen liegend, und deutete mit dem Zeigefinger auf den Schriftzug.

Auf der anderen Seite der Brücke fanden sie außer Zollgebäuden und der üblichen Wechselstube noch zwei Geschäfte für Tabakwaren und alkoholische Getränke. Vor den Hütten hatten sie genügend Platz zum Parken. Auf dem Weg vom Auto zur Passabfertigung sprach Hajo ein deutsches Paar an, die mit einem Bus offensichtlich auf der Rückreise nach Griechenland waren. Er erkundigte sich nach der Benzinversorgung in der Türkei. Ein Punkt, über den er sich wohl die meisten Gedanken gemacht hatte. Zu zahlreich waren im letzten Winter die Zeitungsmeldungen über Öl- und Benzinknappheit in dem Land gewesen. Die Antwort fiel zufriedenstellend aus. Keine Probleme mehr.

Nach der Passabfertigung stürzte auf dem Gang zur Wechselstube ein Türke auf sie zu.

»Geld wechseln? Guter Kurs!«

Der Mann war offensichtlich auf Touristen spezialisiert. Zielstrebig war er Hajo und Hermann entgegengetreten und redete sie ohne Umschweife in Deutsch an.

Hajo fragte nach dem Kurs. Er war geringfügig besser als der offizielle. ›Vielleicht irgendein Trick, um uns reinzulegen? So direkt unter den Augen der Zöllner? Darf ich überhaupt Geld ohne Bescheinigung einführen? Brauche ich eventuell bei der Wiederausfuhr eine Umtauschbescheinigung? Und so viel spare ich ja dabei nicht. Der führt bestimmt was im Schilde.‹ Blitzschnell jagten die Gedanken durch Hajos Hirn. Er wies den Türken ab.

Zwei Tage später hätte er bedenkenlos das Angebot akzeptiert.

Bald hatten sie die Grenze hinter sich gelassen. Hermann blickte während der Fahrt verliebt in seinen Pass.

»Bei uns zuhause hat jeder Angst vorm Stempeln und hier sind sie ganz wild drauf.« Er blickte Hajo von der Seite an, um sich zu vergewissern, dass der den Witz auch verstanden hätte. Er hatte nicht. Er blieb reaktionslos.

»Nummer drei und vier. Den griechischen Ausreisestempel kann ich nicht entziffern, aber den türkischen. Ein richtiger Stempelaufdruck. Rund.« Das war ihm offensichtlich besonders wichtig. Ein ordentlicher Stempel ist rund - wie auf einer Briefmarke oder wie ein Siegel. Er schaute stolz auf das Papier und entzifferte:

»E-dir-ne. Edirne. - Mensch, das kenn ich doch! Die Stadt kommt bei Karl May vor!«

Begeistert stieß er Hajo in die Seite.

»Komm, lass das!«

Der junge Mann konnte solche Seitenhiebe grundsätzlich nicht leiden. Deshalb reagierte er energisch, aber in freundlichem Ton. Er hatte sich in der Beherrschung. Er lachte dabei sogar.

»Um es mit Karl May zu sagen: Wir erreichen heute Stambul, Efendi.«

»Sag mal, Hermann, bist du aufgeregt? Du bist heute so fürchterlich aufgedreht.«

»Hm, na ja ... ich freue mich auf der einen Seite riesig. So ein fernes Land. Und ich bin da. ... Aber ... Am meisten freue ich mich dann doch auf Griechenland, auf den Süden. Die Griechen sind, glaube ich, schrecklich nett ...«

»Verstehe ich nicht. Bist du also aufgeregt - nein, aufgedreht, weil du eigentlich gar nicht so gern nach Istanbul fährst?«

Hermann antwortete nicht, zuckte nur leicht die Schultern. Hajo sah ihn ein wenig prüfend an.

»Magst du denn die Türken nicht?«

Der Alte zuckte die Schultern. »Aber Hajo! ... Na ja, ein bisschen laut sind sie schon - und so undiszipliniert. Sie mögen ja ganz sauber und reinlich sein, auch wenn sie nicht danach aussehen. Aber ich trau ihnen nicht über den Weg. Ich fürchte mich auch ein wenig vor der großen Stadt. Wer weiß, was einem da alles passieren kann.«

Hajo erwiderte nur: »Wer weiß.« Dann schwieg er. Schüttelte nur ein wenig den Kopf.

Breit zog sich die Straße über flaches Land nach Osten. Es herrschte reger Verkehr. Bunter Verkehr.

Fernlastzüge donnerten vorbei, riesige Sattelzüge, manchmal bunt bemalt, fast alle mit ›Christbaumschmuck‹: farbige Lämpchen vorne am Kühlergrill, oben auf der Kabine, hinten zusätzlich zur normalen Beleuchtung, an den Seiten auf voller Anhängerlänge im Halbmeter-Abstand. Stolz saßen die Fahrer in ihren mit Kügel-chen, Bändchen und farbig leuchtenden Birnchen geschmückten Führerhäusern. Wahre Kapitäne der Landstraße, wenn sie bei jeder sich bietenden Gelegenheit die in der Kabine über ihnen unterm Dach längsgespannte Leine griffen und sie eine Handbreit herun-terzogen: aus den über einen Meter langen, nach vorn gerichteten Doppelfanfaren, Nebelhörnern gleich, dröhnte ein alles durch-dringender, dunkler Hupton durch den Lärm der Straße. Luxus-frachter im Landverkehr.

Viele Lastwagen hatten die hinteren Seitenfenster mit Bildern behängt, verblichene Pin-Up-Fotos. Große, ebenfalls verblichene Poster mit gleichen Motiven oder, so schien es, populären Schlagersängern zierten die Rückfenster der meisten Busse.

Es war brütend heiß. Aufgewirbelter Staub trübte die trockene Luft. Hajo und Hermann hatten alle beweglichen Fenster ihres Busses geöffnet. Dann und wann klangen türkische Melodien mit Frauengesängen aus den Radios vorbeifahrender Autos von draußen herein.

Negermusik?

Sie fuhren in einer langen Kolonne, die sich vor allem aus über die Maße bepackten Personenwagen und Kleintransportern zusammensetzte. Die meisten ausländischen führten deutsche Kennzeichen, Gastarbeiter auf dem Weg in die Heimat.

»Wahrscheinlich sind die sogar Tag und Nacht durchgefahren. Total übermüdet. Deshalb passieren auch so viele Unfälle auf dem Autoput. Und bei der Beladung ...«, sagte Hajo.

»Wieso nehmen die denn überhaupt so viel mit in ihren Urlaub?«

»Geschenke und Gebrauchsgegenstände für die Familien daheim. Für die tun sie alles. Für die arbeiten sie in Deutschland. Für die nehmen sie monatelange Trennungen in Kauf. Ihnen schicken sie ihr erspartes Geld. Vielleicht langt es eines Tages für ein Stück Land oder eine Werkstatt. Dann gehen sie für immer in ihre Heimat zurück und sind dort wohlhabende Leute.«

»Hm. Eigentlich doch toll.« Dann schwieg Hermann nachdenklich. Er dachte an seine Straße daheim.

Tekirdag lag schon lange hinter ihnen. Die Straße wurde noch breiter. Und der Fahrstil der Verkehrsteilnehmer für Hajo immer aggressiver, bedrohlicher, undurchsichtiger. Vier Fahrspuren in jede Richtung mochten das wohl sein. Aber Spurlinien auf der Fahrbahn fehlten gänzlich. Dicht rechts und links nahmen überholende Türken den VW in die Zange. Vorfahrt hatte, wer am schnellsten und lautesten hupte. Und natürlich die Lastwagen, ohne Rücksicht auf Verluste.

Hermanns Kopf drehte sich von links nach rechts, von rechts nach links. Bloß alles sehen, nichts verpassen! Doch war auch so mancher ängstlicher Blick dabei, wenn ein Auto besonders nahe kam. Er schaute sich um.

Ein Motorrad jagte von hinten heran.

»Guck mal, eine ähnliche Maschine wie die von Jakob. Auch 'ne große BMW«, stellte Hermann stolz fachmännisch fest. »Aber ...! Au Backe! Drei! Da sind ja drei Mann drauf! Drei Erwachsene!«

Stolz saßen drei junge Türken dicht gedrängt auf dem Motorrad, schossen vorbei und waren bald wild zwischen den Autos Schlangenlinien fahrend außer Sicht.

Sie waren am Stadtrand von Istanbul.

»Ooooouuuh! Guck dir den an! Pass auf!«

Hajo stieg in die Bremsen. Unbehindert konnte so ein uralter amerikanischer Straßenkreuzer quer von rechts nach links über sämtliche Fahrspuren ihren Weg kreuzen.

»Fällt bald auseinander, aber Taxi. Dass der Typ überhaupt seine Lizenz bekommen hat - bei dem Fahrstil.«

»Weißt du's?«, erwiderte Hajo spitzbübisch. »Vielleicht ist dieser Stil überhaupt eine der geforderten Voraussetzungen. Oder *die* geforderte. - Falls man hier überhaupt eine braucht. Aber viel erstaunlicher ist für mich, dass bei diesem Fahrstil das Auto heute überhaupt noch fährt.«

In der Tat, eine mehr als berechtigte Frage. Hermann betrachtete sich das Fahrzeug genauer.

»Mein Gott, ein wahres Schmuckstück. Sowas habe ich seit über zwanzig Jahren nicht mehr gesehen. Und damals auch nur auf Fotos in Illustrierten.«

Das schwarz gespritzte Auto mochte acht Meter lang sein. Aber es war, wohlgemerkt, kein Bus, sondern ein Personenwagen, eine Limousine aus der blühendesten Straßenkreuzerepoche Amerikas Ende der Fünfziger Jahre. Um die zwei Meter Länge hatten jeweils die Motorhaube und der Kofferraum. Dazwischen saßen Fahrer und, wahrhaftig luxuriös bei nur einem Fondsitz und viel, viel Platz für die Beine, Fahrgast. Riesige - das ist noch gelinde untertrieben - Heckflossen, die in superleuchtenden Lichterbäumen, den Rückleuchten, endeten, stellten vollends den Bezug zu einem Superschiff her. Doch spurlos war die Zeit an dem Gefährt nicht vorübergegangen. Weiß Gott nicht! Die Kotflügel, soweit sie zu sehen waren, waren zweifelsfrei alle nicht nur einmal nach irgendwelchen Verkehrskontakten ausgebeult worden. Und die Flanke der linken Heckflosse zierte eine riesige Beule. Offensichtlich taufrisch, da sich an den aufgeschrammten Blechstellen noch kein Rost gebildet hatte. Den fand man dafür aber zuhauf auf den wahrscheinlich ursprünglich in blanker Chromauflage blinkenden Stoßstangen und den Kanten der Radkästen. Und das Dach? Es gab da so ein, zwei Stellen, in denen sich bei gelegentlichem Regen vielleicht kleine Pfützen bilden würden ...

»Dass sowas wirklich noch irgendwo in der Welt fährt!« Hermanns Augen glänzten.

Ihren Weg zwischen den wildfahrenden Autos suchend - und findend, denn durch irgendeine glückliche und göttliche Fügung, Allah sei Dank, löste sich jede bedrohliche und unfallträchtige Situation im allerletzten Moment in Wohlgefallen auf - fanden sie bald den Campingplatz an der Hauptstraße, zirka drei Kilometer Luftlinie vom Flughafen entfernt. BP Mocamp Kervansaray.

»Das gibt's doch gar nicht! Das ist ja wie beim Wettlauf vom Hasen und Igel! Dieser CON-TIKI-Bus mit der Sonne ist ja schon da.« Hajo schaute verdutzt.

Tatsächlich, die große lachende, orangene Sonnenscheibe. Die ›Mannschaft‹ lag verstreut im hohen Gras in der Nachmittagshitze.

»Komische Truppe.«

Die beiden suchten sich einen Lagerplatz und gingen dann zur Anmeldung ins angrenzende Gebäude.

Es war noch früh am Nachmittag. So machten Hermann und Hajo sich bald auf den Weg Richtung Innenstadt. Sie wollten ab einer der nächsten Haltestellen einen Linienbus nehmen. In der Tasche hatte jeder eine Karte des Campingplatzes mit Hinweisen auf die Buslinien von und zu der Innenstadt. Gut verpackt in einer Fotoumhängetasche trug Hajo seine Spiegelreflexkamera »Made in East Germany«, ansonsten nahmen sie kein Gepäck mit.

Kaum an der Straße, fuhr von hinten ein Kleinbus im Schritttempo vorbei. Die seitliche Einstiegstür stand offen, und ein junger Mann schrie auf dem Trittbrett stehend und sich an Türpfosten und Unterkante des geöffneten Türfensters festklammernd:

»Aksera aksera! Granbasah aksera!«

So oder ähnlich klang es in ihren Ohren. Hajo und Hermann schauten erst den jungen Mann, dann sich gegenseitig verdutzt an. Schulterzucken, wieder der fragende Blick auf den Schreier im Bus. Der schloss flink die Tür. Der Bus beschleunigte und verschwand bald in dem Gewimmel aus Lastern, Personenwagen und Bussen.

Die Sonne brannte heiß auf die Straße. Der von den Fahrzeugen aufgewirbelte Staub legte sich auf Hajos verschwitzte Arme und sein Gesicht und nötigte ihn, sich mal hier, mal dort mit den Fingerspitzen zu kratzen. Ein klebrig feuchter Juckreiz! Hermann ging es nicht anders, doch er hielt seine Reaktionen mehr zurück. Beide trugen sie lange Hosen und - ein ulkiges Bild bei Hermann – kurzärmelige T-Shirts, so dass alle anderen Körperteile gegen den

Staub geschützt bedeckt waren. Andererseits spendete der Fahrtwind der Autos auf der feuchten Haut willkommene Kühlung. Schatten gab es hier kaum. Häuser standen nur vereinzelt auf der anderen Straßenseite und, sicherlich mehr als einen Kilometer entfernt, weit vor ihnen auf dieser Seite zu sehen. Und Bäume? Kein Gedanke. Hier an der Straße sowieso nicht, aber auch nicht auf dem großen freien Gelände rechts von ihnen.

Ihre staubbedeckten Schuhe drückten schnell wieder verwehte Spuren in den feinkörnigen, hellen, trockenen Dreck.

»Wird Zeit, dass wir einen Bus bekommen, oder zumindest mal im Schatten rasten können. Puh!« Hermann hatte mächtige Probleme, allerdings mehr mit der drückenden Hitze als mit seinen Beinen. Gemessen an den ungewohnten Bedingungen fiel ihm das Gehen ausgesprochen leicht. Sehr zu seiner und Hajos Überraschung.

Ein einfaches, leicht zu übersehendes Schild markierte die Bushaltestelle. Aber diesen Hinweis hätten die beiden gar nicht gebraucht. Zwanzig, dreißig Menschen warteten auf ihre Fahrtgelegenheit. Hielt ein Bus, drängten einige nach vorn, vorbei an anderen, die stehen blieben und sie behinderten. Die hydraulischen Türen klappten auf. Nur wenige stiegen aus dem bereits hoffnungslos überfüllten Gefährt aus. Neue Fahrgäste pressten sich noch hinein, nachfolgende halfen mit ihren Händen drückend nach. Ächzend schlossen sich die Türen.

»War nicht unsere Nummer. Wir müssen die 86 nehmen.«

Auch der nächste Bus war nicht der richtige. Das gleiche Schauspiel wie vorher wiederholte sich, doch war der Bus nicht ganz so vollgestopft.

Zwei dieser Kleinbusse folgten dicht aufeinander und hielten. In bereits bekannter Weise hingen junge Männer aus den geöffneten Türen und schrien den Wartenden ihr Fahrtziel entgegen. Sie machten den Einsteigenden Platz, schlossen die Türen. Nach wenigen Sekunden war das Spektakel vorüber.

»Wenn ich nur wüsste, was die rufen. Na, und selbst wenn ich das wüsste, wo liegt das jeweils. Nachher steigen wir irgendwo ein, und - ruck zuck - sind wir aus Istanbul raus. Oder in irgendeiner dunklen, unbekannten Gasse.« Hermann schaute ängstlich drein. Ihm war das alles nicht geheuer. Hajo ging es nicht anders.

Doch plötzlich zündete es. »Hermann, ich glaube, ich weiß jetzt, welchen wir nehmen müssen, falls wir nicht zuerst den regulären Linienbus erwischen. Einer der beiden Schreihälse eben rief sein Ziel deutlich genug: ›Aksaray! Grand Basar!‹ Aksaray ist einer der alten Stadtteile. Guck hier!«

Er griff in die linke Gesäßtasche seiner Jeans und zog eine auf kleines Format zusammengelegte Karte von Istanbul heraus. Er faltete sie auseinander und zeigte Hermann den Stadtteil mit dem Schriftzug ›Aksaray‹. Der Alte nickte.

»Und hier«, Hajo legte seinen Finger etwas weiter rechts auf das Papier, »ist der Große Basar. Wohl der bekannteste Ort hier. Zumindest für Touristen. - Wie uns.«, Er schmunzelte. »Und Grand Basar heißt ja nichts anderes als Großer Basar. Wenn auch sicherlich nicht auf Türkisch. Die haben sich hier halt etwas auf Besucher eingestellt, die Busschreier. Geschäftstüchtig.«

Wenige Augenblicke später näherte sich ein weiterer Kleinbus.

»Aksaray! Aksaray! Aksaray!«

Hermann und Hajo zwängten sich hintereinander an dem Türsteher vorbei hinein. Sie wandten sich nach links und folgten dem engen Durchgang. Rechts waren zwei gepolsterte Sitzbänke, auf denen man in Fahrtrichtung sitzen konnte. Auf jeder saßen zwei Passagiere. Jeweils ein weiterer mochte dort sicherlich, mit etwas gutem Willen, noch Platz finden. Links, entlang der Karosseriewand, war eine Holzbank aufgebaut. Sie reichte bis zur breiten, über die gesamte Innenraumbreite reichende Rückbank vor dem Heckfenster. Obwohl die Holzbank noch frei war, gingen Hermann und Hajo ganz nach hinten durch und ließen sich neben dem einzigen dort hockenden Einheimischen nieder. Vier weitere Männer folgten ihnen, setzten sich neben sie beziehungsweise auf die Holzbank.

Während der Bus anfuhr, schloss der Schreier die Tür und betätigte sich nunmehr als Schaffner.

»Wir haben einen guten Platz, Hermann. Er kassiert von vorn nach hinten. Mal sehen, wie viel die so ungefähr bezahlen.«

Zu Hajos freudiger Verblüffung nannte keiner der Mitreisenden irgendein Fahrtziel, sondern reichte wortlos das Geld. Der Schaffner gab jeweils auf fünfzehn Lira raus, falls sie den Betrag nicht abgezählt bereit hielten.

»Scheinbar Einheitspreis. Fünfzehn, das ist billig. Lass, ich bezahle für uns beide.«

Hermann steckte das Geld wieder weg. Hajo reichte der sich ihm entgegenstreckenden Hand dreißig Lira und zeigte auf

Hermann und sich. Der Schaffner nickte, steckte das Geld weg und ging nach vorn zum Fahrer. Dort setzte er sich auf eine große Holzkiste, die die Funktion des Beifahrersitzes übernahm, und unterhielt sich lebhaft mit dem Fahrer.

Dieser fuhr wie der Teufel. Eine Hand immer bereit zur Betätigung der Hupe fegte er über die breite Fahrbahn, scheinbar kein Hindernis kennend. Die Autos vor ihm wurden durch seine Hupe verschreckt und machten Platz.

Allerdings setzte sich bei Hajo bald die Erkenntnis durch, dass dies nicht der Erfolg des Huptones, sondern einzig und allein der Masse des kleinen Busses war. Denn der Fahrer seinerseits bewies nur Respekt vor den riesigen Lastern, und den nicht zu knapp.

Der Zickzack-Kurs zwischen den Autos hindurch setzte den Bus in Schwingungen, Hajo und Hermann schaukelten eingekeilt zwischen den Mitfahrenden hin und her. Laut klang der Lärm der Straße durch die geöffneten Fenster an ihr Ohr. Hajo genoss es. Einfach eine Spitzenidee, das Auto auf dem Campingplatz zu lassen. Kein Stress, keine Beulen.

Hermann links neben ihm schaute ängstlich drein. Ein solches Verkehrsgetümmel! Nie hatte er ähnliches erlebt. Und dieser Türke neben ihm. Brrr!

Der Bus verlangsamte die Fahrt. Der Schaffner hing halb aus dem Wagen und schrie sein Sprüchlein.

»Aksaray! Aksaray! Grand Basar! Aksaray!«

Ein Passant gab Zeichen. Der Bus stoppte ganz kurz, der Mann stieg zu.

Es waren ausnahmslos Männer im Bus. Hajo betrachtete sich die Passagiere genauer. Der Mann links neben Hermann trug ärmliche, uralte Kleider. Den Kopf bedeckte eine hellbraune, schmucklose Wollmütze. Unter dem dunkelbraunen, dicken Mantel – bei diesen Temperaturen! – schaute eine schwarze, ausgebeulte Hose hervor. Die strumpflosen Füße steckten in zu weiten Schuhen aus Plastik, nein, das waren keine Schuhe, sondern lediglich Schuhformen mit reliefartig eingepressten Laschen, Schnürsenkeln, Nähten. Der Mann wirkte auf Hajo erbarmungswürdig. Und bei allem fiel auf, dass sämtliche Kleidungsstücke abgesehen vom offensichtlich frischen Straßenstaub sauber, wie gerade gewaschen waren. Der Mann starrte stumm geradeaus. Sein Gesicht, hager, knochig und unrasiert, zeigte keine Regung. Seine Hände umklammerten eine halbgefüllte Plastiktüte.

Hermann rümpfte die Nase und schnupperte kurz. Kein Zweifel! Nicht der Mann selbst, sondern diese Tüte barg den Ursprung für all die Wohlgerüche des Morgenlandes, die Hermanns Nase zu neuen Ufern führten.

»Gottverdorrich! Streng! Das beißt ja in der Nase!«

»Wie, Hermann, stinkt's?« Hajo hatte seine Unschuldsmiene aufgesetzt, obwohl ihm die Nase pausenlos ebenfalls neue Entdeckungen meldete.

»Na ja«, Hermann zögerte. »Stinken will ich nun auch nicht sagen. Aber fremd riecht's. Und penetrant. - Und neugierig macht's mich. Ich würde liebend gern wissen, was da alles in der Tüte ist.«

Hajos Blick fiel auf einen gut gekleideten Türken so um die Dreißig vorn neben dem Einstieg. Schicker schwarzer Anzug, blütenweißes Hemd, blank geputzte Schuhe. Sein rasiertes Kinn und die elegante Frisur machten den Kontrast zu dem Mann neben Hermann perfekt.

Mittlerweile waren alle Plätze besetzt. So setzte der Bus zügig und ohne anzuhalten seine Fahrt fort. Erst weit in der Stadt legte der Fahrer auf Zuruf eines Gastes einen ersten Halt ein. Weitere folgten. Der Bus leerte sich. Schließlich in den schmalen Gassen der Altstadt waren Hermann und Hajo einzig übriggeblieben. In einer etwas belebteren Straße gab der Schaffner den beiden zu verstehen, dass die Fahrt zu Ende sei. Sie stiegen aus.

»Pst, pst. Du Geld wechseln?« Aus einem der Hauseingänge war ein Mann heraus gestürmt und fasste Hermann an die Schulter. Der reagierte verblüffend gelassen und sah ihn mit extra geweiteten Augen an.

»Pst, pst. Nö.«

Weitere Überredungsversuche seitens des Türken überhörten die beiden geflissentlich.

»Hast du eine Ahnung, wo wir genau sind, Hajo?«

»Nein. Aber wir müssten eine der nächsten Gassen rechts nehmen. Das müsste die grobe Richtung zum Basar sein. - Hoffe ich.«

In den engen Straßen herrschte lebhafte Geschäftigkeit. Läden wurden beliefert, Straßenverkäufer boten Waren ihres Bauchladens feil, Stimmen tönten schrill, Kinder spielten zwischen den Autos. Hermann dachte an seine Straße daheim. Dann und wann kamen Hajo und Hermann an Teestuben vorbei. Auf dem Bürgersteig saßen dort die Männer, schmale, bauchige Gläschen auf kleinen

Silbertablettchen nebst Löffelchen neben sich auf dem Tisch stehend. Genüsslich zogen sie an ihren meist filterlosen Zigaretten, betrachteten Vorübergehende, diskutierten.

»Stil haben sie ja. Die meisten sind sehr sauber und modisch gekleidet. Und guck mal, wie stolz der da in die Runde blickt oder wie elegant der seine Zigarette hält. Au Mensch, so ein hübsch geschnitztes Backgammonspiel!«

Hajo zeigte auf den Tisch, wo zwei Männer über ihr Tavlaspiel vertieft hockten. Diese Gassen beherbergten ganze Welten. Die Gerüche aus der Tüte des Alten im Bus, hier fanden sie jeden einzelnen wieder.

Kaum hatten sie eine breite, hektische Straße erreicht, sahen sie auch schon die Minarette der Hagia Sophia. Zielsicher und mutig überquerte Hajo die Fahrbahn. Sogar Hermann hatte sich an das Verkehrsverhalten der Menschen hier gewöhnt. Als die Ampel für die Fußgänger von Grün auf Rot zurücksprang, war dies für ihn wie für die Passanten das Zeichen zum Gehen. Wäre ihm zuhause nie in den Sinn gekommen. Drüben auf der anderen Straßenseite wurde ihm im Nachhinein doch ein wenig flau.

»Irgend so ein Idiot hat doch voll auf mich zugehalten! Mir stockte der Atem. Im allerletzten Moment zog er dann hinter mir vorbei«, keuchte er. »Ich kann doch nicht so schnell!«

»Dann musst du halt die Straße überqueren, wenn für dich Grün gezeigt wird.«

»Bin doch nicht lebensmüde! Bei der Grünphase vorher ging auch einer rüber. Für den war's gefährlicher als für mich. Irgendwas läuft hier anders.«

Hajo lachte.

»Das ist halt Türk Trafici, türkischer Verkehr.«

Glatzkopf Ibrahim

»Mein Gott, sind die winzig!« Hermann zeigte auf die kleinen Läden. Eng an eng lagen sie in den schmalen Gassen des überdachten Basars aneinandergereiht. Viele Menschen drängten sich an ihnen vorbei. An manchen Stellen fiel das Passieren besonders

schwer. Vor den Geschäften stapelten sich die angebotenen Waren
bis weit in die Gasse hinein - Waren, die in den Räumen mit
Sicherheit keinen Platz mehr gefunden hätten. Selbst der Händler
hatte darin keinen Freiraum mehr. Wozu auch? Die Geschäfte
spielten sich sowieso in der Gasse ab. So mancher Händler hatte
sichtlich seine Schwierigkeiten, möglichst jeden der Vorbeigehenden mit Wortschwallen und Gesten zu überschütten und seine
Superangebote im leuchtendsten Licht der güldenen Abendsonne
zu schildern.

Abgesehen von Lebensmitteln wurde hier nahezu alles Erdenk-
liche angeboten. Fotoapparate, Brautkleider, Teppiche, Leder-
waren, Kupfer und Goldwaren. War's wirklich Gold? - Und vor
allem Türkische Lira zu einer Unzahl von Wechselkursen - und
doch alle dicht am offiziellen. Die Männer, die die beiden in den
Gassen ansprachen, machten Hajo und Hermann schnell klar, wer
hier im Basar die besten und begehrtesten Waren hatte: sie selbst.
Harte Deutsche Mark aus dem Wirtschaftswundertraumland. Und
da sie beide nicht gewillt waren, diese nun in Massen an den Mann
zu bringen, entschieden sie sich bald zum Rückzug. Zumindest im
Augenblick fühlten sie sich nicht in der rechten Stimmung, begleitet von zwei, drei aufdringlich auf sie einschwätzenden, selbst-
ernannten Fremdenführern den Bummel fortzusetzen. Jeder Türke
kannte den besten Teppichhändler, den berühmtesten Künstler,
die schönsten Souvenirs. Einer testete flüsternd das Verlangen
nach Stoff. Hermann verstand nicht. »Rauschgift«, klärte Hajo den
Alten auf.

Ach ja, und selbstverständlich hatte jeder den absolut besten
Wechselkurs.

Kaum durch das große Basartor geschritten, waren Hajo und
Hermann wieder mutterseelenallein. Mal abgesehen vom straßen-
üblichen Gedränge der Passanten, das den beiden keine Zeit zum
Luftholen ließ.

»War zwar kurz, aber mir reicht's für heute. Fahren wir zum
Campingplatz zurück?« Hajo erhielt keine Antwort.

»Hermann!« Hajo wandte sich um. Der Alte war weg. »Hermann!« Er suchte mit den Augen die Umgebung ab, soweit er das
in dem Gedränge überhaupt konnte. Nichts, kein Hermann! Hajo
bahnte sich seinen Weg zurück zum großen Eingangstor.

Da kam Hermann keuchend um eine Ecke gehumpelt. Er
lehnte sich an die große Mauer und japste nach Luft. Er reagierte

auf Hajos fragenden Blick, dessen Fragen selbst rauschten jedoch an ihm vorbei.

»Ich ... pfff ... ich ... höööööhhh ... Jakob!«, prustete er schließlich los. »Ich habe Jakob gesehen! Dahinten an der Ecke«, er wies mit dem Arm in irgendeine Richtung, »mitten in so einem ... hööööhh«, er schnappte wieder nach Luft, »... Gedränge! Ich rief dich noch. Du warst ja direkt, ein paar Armeslängen vor mir. Aber das ging in dem Stimmenwirrwarr hier wohl unter. So schnell ich konnte, eilte ich zu der Ecke, durch die Menge der Herumstehenden hindurch. Aber er war weg. Irgendwohin verschwunden. Aber er war's!«

»Du bist dir sicher?«

»Hundertprozentig. Ich meine sogar, seinen Helm in seiner Hand erkannt zu haben. Er war's!«

»Mensch, das gibt's doch gar nicht! Was macht der denn hier? Und du bist dir wirklich sicher, absolut sicher?«

»Wirklich«, stöhnte Hermann immer noch außer Atem. »Wenn ich's dir doch sage!« Kein Zweifel, Hajo durfte nicht nochmal fragen. Der Tonfall in Hermanns Stimme tendierte unüberhörbar in Richtung ›beleidigt‹.

»Okay. Ich glaub's dir ja.«

Einen Moment lang schweigend blickten sie sich an.

»Waren Chris oder Troels in der Nähe?« Hajo fragte zwar, glaubte aber nicht an eine positive Antwort. Wäre es so gewesen, hätte der Alte das bestimmt sofort gesagt. Vor allem, was Chris anging. ›Mein Gott! Wenn sie hier wäre!‹, zuckte es ihm durch den Kopf.

»Nein. das hätte ich dir ja wohl auch gesagt, oder?« Bumms, Tendenz ›beleidigt‹.

»Weiß ich ja. Hab' ja auch nur so gefragt. War halt mein erster Gedanke. Aber vielleicht sind die wirklich hier irgendwo in der Nähe. Vielleicht haben die drei sich im Basar getrennt, um uns zu suchen.«

»Oder Jakob ist allein hier, um uns zu suchen. Vielleicht, weil einem der beiden anderen etwas passiert ist. Oder ...«

»Komm!« Hajo unterbrach ihn ein wenig erschrocken. »Wir müssen sie suchen. Wenn wir weiter hier rumstehen und diskutieren, kriegen wir das nie raus.« Er sagte wohl absichtlich ›sie‹. Dass nur Jakob und nicht Chris hier war, wollte er keinesfalls wahrhaben.

Sie kämpften sich durch die Menschenmenge zurück in den Basar, eilten durch all die Gassen, die sie in der letzten Stunde schon besucht hatten. Doch hatten sie beileibe keine Augen für die Geschäfte, keine Ohren für die Geldwechsler und Zubringer. Dafür nahmen sie mit schnellen Blicken die Menschen ins Visier. Vergebens. Kein vertrautes Gesicht, wohin sie auch schauten. Fast eine Stunde durchquerten sie den Basar in alle möglichen Richtungen. Erfolglos.

»Hat wohl keinen Zweck mehr, Hajo. Wir sollten zum Campingplatz zurück.«

»Aber wir müssen sie finden! Wir können doch nicht einfach aufgeben.«

»Tun wir doch auch nicht. Wir machen morgen weiter. Ausgeruht.«

»Morgen? Dann sind die vielleicht wieder weg!«

»Glaub' ich nicht. Ich bin sicher, dass sie morgen wieder hier suchen werden - falls sie uns überhaupt suchen. Gestern Mittag haben wir uns erst getrennt. Sicherlich sind sie uns nicht direkt nachgefahren. Dafür gab es keinen ersichtlichen Grund. Außerdem hätten sie uns sehr schnell eingeholt. Zumindest noch vor Alexandroupolis. Von Thessaloniki bis dort waren es für uns an die sechs Stunden Fahrtzeit. Und rechnen wir noch die halbstündige Pause ein, die wir hinter Xanthi eingelegt hatten, dann sind die anderen frühestens zwei Stunden nach uns losgefahren, eher noch später. Vorausgesetzt natürlich, dass sie das unbedingt wollten und mit entsprechenden Tempo an die Sache rangegangen sind. Und sich noch in der Gegend von Thessaloniki befunden haben. Aber genau das glaube ich eben nicht. Die waren bestimmt schon weiter südlich, so dass sie die Strecke zurück nach Thessaloniki auch noch zu fahren hatten. Es spricht also einiges dafür, dass sie gestern die türkische Grenze nicht vor der Dunkelheit erreichen konnten. Ich schätze, dass sie bestenfalls bis auf die Höhe von Kavala oder Xanthi gekommen waren. Und egal, was der Grund für das alles sein mag, ich glaube kaum, dass Jakob, der auf mich immer einen sehr vernünftigen Eindruck gemacht hat, bei diesen Verkehrsverhältnissen in der Nacht mit dem Motorrad fährt. Also haben auch sie die türkische Grenze erst heute überquert, sehr wahrscheinlich nach uns. Oder?«

»Hm, ja.« Hajo nickte zögerlich.

»Und da sie uns auch heute nicht überholten, können sie höchstens seit zwei oder drei Stunden in der Stadt sein. Sie hatten also kaum noch Zeit, uns noch am heutigen Tag zu finden. Und das muss auch ihnen klar sein. Sie werden also morgen erst so richtig nach uns suchen. Vorausgesetzt natürlich - wie gesagt -, dass sie uns überhaupt suchen. - Aber dafür spricht ja wohl die Tatsache, dass sie in Anbetracht der offensichtlich späteren Startzeit und der längeren Reisestrecke in sehr schneller Zeit nach Istanbul gefahren sind.«

»Wahrscheinlich hast du Recht.« Hajo zuckte leicht resigniert mit den Schultern. Diesen kombinatorischen Monolog hätte er dem Alten nie zugetraut. Er schaute ihn ungläubig an. Wenn Jakob wirklich hier war, sprach sehr viel für Hermanns Überlegung. - Wenn er wirklich hier war. Hajo kamen wieder sehr starke Zweifel. Wieder glaubte er nicht, dass Hermann tatsächlich den Dänen gesehen hatte. Er behielt seine Zweifel für sich.

Ohne ein weiteres Wort zu wechseln, machten sie sich auf den Weg zur Bushaltestelle nahe den großen Moscheen. Dort warteten sie in einer gedrängt stehenden Menschenmenge. Wenige Meter von ihnen entfernt stand ein Mann mittleren Alters vertieft in ein Gespräch mit zwei anderen. Er hob sich wegen seines weißen Anzugs von der Menge der dunkel gekleideten ab.

Für einen kurzen Augenblick schweifte sein Blick zu ihnen herüber. Freundlich lächelte er die beiden an. Er unterbrach sein Gespräch und machte einen Schritt auf sie zu.

»Ihr kommt aus Deutschland?« Sein Deutsch hatte einen leicht zu überhörenden Akzent.

»Ja«, antwortete Hajo knapp und dachte: ›Gleich geht's wieder los. Geld wechseln? Tolle Sonderangebote kaufen?‹ Doch weit gefehlt. Freundlich, angenehm unaufdringlich in seinen Gesten und Worten plauderte der Türke los.

»Ich war einige Jahre in eurem Land. Da habe ich auch eure Sprache gelernt. Seid ihr länger hier in Istanbul?«

»Nur einige Tage.«

»Oh, Istanbul bietet Abwechslung für Wochen.« Seine Augen funkelten stolz. Sein Tonfall und die schwärmerischen Handbewegungen teilten der Welt seine Begeisterung mit. »Jetzt seid ihr schon soweit gefahren und bleibt nur einige Tage.« Sein Bedauern schien ehrlich. »Aber, was soll's, lieber ein paar Tage als gar nicht.« Sein Mund zog sich unter dem riesigen, tiefschwarzen Schnurrbart zu einem breiten Grinsen und legte einige Zahnlücken offen. Hermann und Hajo stimmten lachend zu.

»Und wie gefällt euch Istanbul bis jetzt?«

Hajo zuckte mit den Schultern. Genaugenommen hatten sie sich mit der Stadt bisher kaum beschäftigt. Trafici und Basar, und das nur oberflächlich. Erst in diesem Moment ging ihm das richtig auf.

Der Türke lächelte verständnisvoll. Er hatte wohl mit dieser Art einer Antwort gerechnet. Zum ersten Mal kam es Hajo in den Sinn, dass er auf seinen Gegenüber vielleicht einen ähnlich zweifelhaften Eindruck ausübe wie ein Bus voller kurzhaariger Amerikaner um die Fünfzig in großkarierten Anzügen mit zu kurzen Hosenbeinen vor der Drosselgasse ihn Rüdesheim auf ihn.

»Wenn ihr wollt, zeige ich euch gern einiges von der Stadt.«

»Danke für das Angebot, aber es ist schon Zeit für uns, zum Campingplatz zurückzufahren.«

»Na, morgen vielleicht. Überlegt es euch. Kommt einfach in das Hotel dort und fragt nach Glatzkopf Ibrahim.« Seine Brust schwellte sich stolz, zwar nur leicht, aber erkennbar; so erheiternd der Name auf die beiden Deutschen wirkte, für Ibrahim schien es tatsächlich so etwas wie eine Auszeichnung zu sein. »Da wohne ich im Sommer.«

Sein Stolz steigerte sich offensichtlich, wenn auch nur für einen kurzen Moment. Es war Hajo nicht entgangen, dass diese Bemerkung die Beschreibung eines außergewöhnlichen Wohlstands sein sollte. Doch im nächsten Augenblick war diese Regung bei dem Türken verschwunden.

»Es würde mir Freude machen, wenn ich euch diesen Dienst erweisen könnte«, schloss er in herzlichem und ehrlichen Ton.

Hajo und Hermann wollten sich die Sache überlegen. Ibrahim machte sie auf die 86 aufmerksam. Sie verabschiedeten sich. Kurz darauf waren sie im Bus verschwunden.

Ohne große Probleme erreichten sie den Campingplatz. Lediglich das Aussteigen erwies sich als nicht einfach zu lösende Aufgabe, da sie im Laufe der Fahrt in dem vollgepfropften Bus irgendwo in der Mitte nahezu regungslos eingekeilt wurden. Nach Luft japsend, abgekämpft und durch und durch nassgeschwitzt standen sie schließlich auf der Straße gegenüber vom BP Mocamp.

Sie verbrachten einen ruhigen Abend. Auf der Terrasse der zum Campingplatz gehörenden Wirtsstube leerten sie drei Flaschen

Rotwein. Warum sie jedes Mal den gleichen Wein zu einem jeweils anderen Preis - jedes Mal etwas billiger - erhielten, blieb ungeklärt. Genauso wenig Klarheit brachte ihr Gespräch über die Sache mit Jakob. Weitere mögliche Erklärungen als die, die sie schon am Nachmittag gefunden hatten, kamen ihnen nicht in den Sinn. So bleib einzig bemerkenswert Hajos Flirt mit einer der CON-TIKI-Reisenden. Ein Blickduell von Tisch zu Tisch über eine geraume Zeit, bis schließlich der jungen Dame die Sache zu langweilig wurde und Hajo mit Rücksicht auf Hermann weitere Aktionen unterließ.

Der große Basar

Am frühen Vormittag des folgen Tages brachen Hajo und Hermann Richtung Innenstadt auf.

Wie selbstverständlich erwischten sie einen Dolmus - so heißen die kleinen Busse, wie sie an der Rezeption des Campingplatzes erfahren hatten - und erreichten bald darauf die Innenstadt. Im Laufe des Frühstücks hatten Hermann und Hajo beschlossen, tatsächlich Ibrahims Angebot anzunehmen und ihn aufzusuchen. Schnell hatten sie das Hotel erreicht.

»Wir suchen Glatzkopf Ibrahim.«

Deutsch schien überhaupt kein Problem in dieser Stadt zu sein. Der Hotelportier verstand sofort, nickte und wies die beiden an, im nebenanliegenden Gastraum Platz zu nehmen. An einem der vier Tische ließen sie sich nieder. Der Raum war nüchtern eingerichtet. Einziges Zierstück war eine moderne Musik-Box. Der Steinfußboden passte auf natürliche Weise zu den nicht tapezierten Wänden. Die karge, weiße Theke war sauber geputzt. Das durch die Fenster einfallende Licht beleuchtete den Raum ausreichend.

Ibrahim trat ein.

»Hallo, meine Freunde!«

Das bekannte Grinsen zeigte sich unter seinem Schnurrbart. Er trug den gleichen Anzug wie am Tag zuvor. Der Daumen seiner rechten Hand war in einem großen, dicken Verband versteckt. Dieser war weder Hajo noch Hermann am gestrigen Tag aufgefallen, obwohl er recht abgegriffen, schmuddelig wirkte, also nicht frisch angelegt war. Ibrahim griff sich einen Stuhl an der Lehne, zog ihn vom Tisch weg und setzte sich zu ihnen.

»Toll, dass ihr gekommen seid. Wohin sollen wir zuerst? In den Basar?«, polterte er los.

Hajo zuckte die Schultern. Er blickte Hermann an. Beide nickten.

»Aber vorher trinken wir etwas, hm? Bier?«

Der Vorschlag war goldrichtig. Der Portier brachte Flaschen und Gläser an den Tisch. Üblichen Gepflogenheiten folgend fragte Ibrahim seine Gäste nach Herkunft, Fahrtverlauf, Erlebnissen. Eine Viertelstunde lang erzählten die Deutschen, selten unterbrochen von ihrem Gegenüber.

»Na ja, zwei oder drei Tage Istanbul sind besser als gar nichts.« Seine Augen blitzten auf.

Nach einer knappen Pause fuhr er fort. »Das war schon ein harter Winter. Aber gemütlich.« Wieder grinste er die beiden an. »Oft saßen wir hier in diesem Raum versammelt. In der Mitte brannte ein Feuer und ...« Hajo stutzte.

»Was? Wo?«

»Na da!« Ibrahim zeigte tatsächlich auf die Raummitte. »Auf dem Fußboden. War der einzige beheizte Raum im ganzen Gebäude. Sogar aus umliegenden Häusern kamen Freunde.« Er zog den Verband von seinem Daumen und stellte ihn auf den Tisch. Der Daumen war unverletzt. »Wir haben erzählt, gesungen wie lange nicht mehr. Na, jetzt haben wir ja wieder reichlich Öl.«

Zehn Minuten später brachen sie auf. Keine zwei Ecken weiter durchschritten sie sie Torbögen zum Basar. Das Gewühl und Getöse - wie gestern. Hier und da schienen fliegende Händler - zum Teil ohne ersichtliche Ware - auf Hajo und Hermann zuzuschnellen - und taten es doch nicht. Hermann glaubte zu erkennen, warum. Hier und da schnüffelten die beiden Urlauber in den kleinen Kammern - Geschäfte konnte man die Löcher wirklich kaum nennen. Doch sobald schon nach wenigen Sekunden ein jedes Mal der Inhaber funkelnden Blickes und gewandter Worte auf sie zuschnellte, trat Hermann eingeschüchtert, unsicher den Rückzug an. Hajo folgte nur kurz darauf. Und ein jedes Mal blieb Ibrahim geduldig und ruhig vor der Tür stehen, grüßte diesen, schwätzte mit jenem. Er kannte alle.

Hajo und Hermann hatten Augen nicht nur für die Waren und Läden. Von Zeit zu Zeit suchte mal der eine, mal der andere die Menschenmenge nach einem bekannten Gesicht ab. Vergeblich. Gesichter blitzten auf, verschwanden wieder. Eines so fremd wie das andere.

»Wie wär's mit einem Tee? Bei einem alten Freund?«

Ibrahim betrat den Teppichladen. Der Eingang lag versteckter, weniger durch Auslagen hervorgehoben als bei den meisten anderen Händlern. Da standen sie nun. Umgeben von Hunderten von Teppichen, wohin man sah. Das heißt aber nicht, dass der Raum größer war als bisher gesehene. Wenn überhaupt, dann nicht der Rede wert. Durchweg kleine Teppiche türmten sich und ließen vielleicht noch eine Fläche von zwei mal zwei Metern in der Raummitte. Eine Tür - knapp bemessen begehbar gehalten - führte in einen angrenzenden Raum. Offenbar das Lager für größere Teppichexemplare.

Ein recht elegant gekleideter Mann trat ein. Sein graues Haar war fein frisiert, der graue Schnäuzer kurz gestutzt. Seine Bewegungen, seine gesamte Erscheinung ließen auf ein Alter Mitte Fünfzig schließen.

»Das ist Herr Görük. - Freunde aus Deutschland.« Die gegenseitige Vorstellung erfolgte, schon nicht mehr überraschend für Hajo und Hermann, in Deutsch.

»Seien Sie willkommen.«

Die Aussprache war, in Gegensatz zu Ibrahims, akzentfrei. Keine Frage, des Teppichhändlers Auftreten wirkte auf Anhieb weltmännisch. Eine unerwartete Überraschung in dieser Umgebung.

»Nehmen Sie doch bitte Platz!« Er wies auf kleinere Teppichstapel. Sie machten es sich gemütlich.

»Hm, Deutschland! Ein wundervolles Land, aus dem Sie kommen! Da war ich früher oft gewesen. Ich verkaufte dort meine Waren. Vor allem in Köln und Wiesbaden.« Er klatschte in die Hände. In der Tür erschien der Kopf eines Jungen. Herr Görük schrie ihm irgendetwas entgegen. Der Kopf verschwandt.

Wieder erzählten Hermann und sein junger Freund die Geschichte ihrer Reise - allerdings nicht in allen Einzelheiten; ihre Erlebnisse mit Christine ließen sie, wie schon Ibrahim gegenüber, fort. Und wieder erhielten sie Tipps, was sie alles in Istanbul und natürlich speziell im Basar unternehmen sollten.

Die Unterhaltung machte Spaß, löste bei den Reisenden die Verkrampfung vor dem Unbekannten, ließ sie ihre Suche vergessen. Der Junge trat herein und servierte allen Tee. Die vier griffen die schlanken, kleinen Gläser. Genüsslich schlürfte Hermann das Getränk. Er lehnte sich zurück und den Blick schweifen. Teppiche über Teppiche. Farbenprächtige orientalische Ornamente ... orientalische ... Hätte ihm das irgendjemand vor zwei Monaten erzählt ...! Ein Name fiel ihm ein: Hadschi Halef ...

»Ist ja verrückt!« Hajo schreckte ihn auf.

»Wie?«

»Na, Mensch, haste das nicht gehört? Fünfundsiebzig! Fünfundsiebzig Jahre ist Herr Görük alt!«

Hermanns Kinnlade klappte runter. Dieser Mann vor ihm, so viel jugendlicher als er und so viel älter!

Stolz trug Herr Görük sein Alter zur Schau. Genüsslich rollte er die brennende Zigarette zwischen den Fingern.

»Was ist denn darin?« Herr Görük deutete auf Hajos Fototasche.

Hajo öffnete die Tasche und präsentierte stolz den Inhalt.

»Eine wunderhübsche Kamera!« Sein Blick schweifte scheinbar fachmännisch über die Ausrüstung. Doch ließ sein gesprochenes Wort an einem echten Fachverstand zweifeln.

»Wunderhübsch!« Mit spitzbübischem Blick nickte der Händler Hajo anerkennend zu. Hajo gab dem Verlangen nach, dies und das an dem Apparat zu erklären.

»... und hier sehe ich die eingestellte Filmempfindlichkeit.«

Händler Görük verzog die Mundwinkel zu einer bewundernden Grimasse.

»Darf ich Ihnen auch etwas besonderes zeigen? Herrliche Beispiele unserer Handwerkskunst.«

Er griff einen kleinen Teppich von vielleicht 40 mal 60 Zentimetern Fläche. Prächtige, leuchtende Farben waren in das Muster eingearbeitet. Ibrahim nickte zustimmend.

»Habt Ihr so etwas schon einmal gesehen?«

Hajo griff das gute Stück. Teppichverstand? Na ja, wohl kaum! Er hatte zwar irgendwann einmal erfahren, dass der Wert eines Teppichs sich nach der Feinheit der Knoten richtet, aber was ist ein feiner Knoten? Wie viel ist ein solcher kleiner Läufer wert? Hajo konnte sich dies nicht beantworten. Dennoch bewunderte er das Werkstück. Und nicht nur aus Höflichkeit. Kunstvolle Ornamente in leuchtenden Farben. Tiefes Rot verhalf dem eingebetteten Gold zu nahezu greller Intensität. Die Leuchtkraft des Blaus war in der Natur ohne vorbildliches Beispiel. Die Konturen der Windungen und Figuren grenzten sich sauber voneinander und vom Hintergrund ab. Weich und warm fühlte sich die Gewebeoberfläche an.

»Wirklich, ein sehr kunstvolles Stück.«

»Nicht wahr? Ein Schmuckstück für jede Wohnung. Oder für ein Auto. Sie erzählten, Sie sind mit einem Kleinbus hier. Dafür ist dieser Teppich wie geschaffen.«

Ibrahim saß unbeteiligt daneben und zog genüsslich an seiner Zigarette. Er schien stolz, seinen Gästen einen solch direkten Kontakt zu wahrer türkischer Atmosphäre geschaffen zu haben.

»Wie wäre es: dieser Teppich gegen die Kamera?«

Das Angebot des Händlers traf Hajo absolut unvorbereitet.

»Äh, das ist unmöglich. Ich muss doch auf unserer Reise Fotos machen. Außerdem brauche ich keinen Teppich.«

»Keinen Teppich brauchen? Hat man sowas schon gehört?! Jeder Mensch braucht einen Teppich, viele Teppiche. Außerdem bekommen Sie noch eine einfache Kamera von mir dazu, dass Sie auch weiterhin wunderhübsche Fotos machen können.«

»Aber die Kamera ist doch viel mehr wert als der Teppich, oder?« Hajo merkte nicht, dass er sich auf eine falsche, unsinnige Gesprächsführung eingelassen hatte. Er versuchte zu argumentieren. Und da hatte er schlechte Karten.

»Das ist ein sehr wertvolles Exemplar. Da ist sicherlich kein großer preislicher Unterschied – und wenn, dann zugunsten dieses wundervollen Teppichs. Schauen Sie noch einmal hier, diese ungewöhnlichen Farben und hier, diese feine Knüpfung. Wen Sie auch fragen, er wird es Ihnen bestätigen. Ich biete Ihnen doch keine minderwertige Ware an, Ihnen, den Freunden meines Freundes Ibrahim.« Der Ton klang fast beleidigt. Ibrahim nickte beipflichtend. Er lächelte.

»Aber selbstverständlich werd ich Ihnen einen absoluten Freundschaftspreis machen und die Differenz – sollte da doch eine zu Ihren Gunsten sein - angemessen ausgleichen.«

Der Händler blickte freundlich und verbindlich. Ibrahim zog genüsslich, unbeteiligt an seiner Zigarette. Von ihm war keine Schützenhilfe zu erwarten.

»Nein.« Hajo wandte sich nicht mehr wie eine Schlange. Er hatte begriffen, wie er argumentieren musste: ohne Argumente.

Der Alte hakte nochmal nach.

»Nein.«

Herr Görük ihm gegenüber spürte den Umschwung und wechselte seinerseits unvermittelt das Thema.

Ab nun genossen auch Hajo und Hermann den Tee. Sie lauschten den Geschichten über den Basar und Istanbul.

Bald bedankten sich die drei bei ihrem Gastgeber und sprangen wieder ins Menschengewühl.

*

Zu diesem Zeitpunkt verließ Jakob zum zweiten Mal den großen Basar ohne genau zu wissen, wohin er seine Schritte nun wenden sollte. Er war sehr unsicher geworden, ob er überhaupt das Richtige versuchte. Wo sollte er suchen? Wie viel Zeit hatte er? Fragen, die er vorher nicht recht bedacht hatte. Er machte sich auf den Weg Richtung Galata-Brücke.

*

»Ibrahim, ich möchte mir gern ein Tavla-Spiel kaufen.«

»Da wüsste ich ein Geschäft, Hajo. Ihr würdet mir einen großen Gefallen tun, es dort zu kaufen. Es handelt sich um eine Frau, deren Mann vor wenigen Wochen plötzlich gestorben ist. Sie kann das Geld gut gebrauchen.«

Hermann sah ihn prüfend an.

»Nicht dass ihr meint, ich bekäme dafür Geld. Es geht ihr wirklich schlecht.«

Hermann spürte plötzlich ein schlechtes Gewissen. Ibrahims Worte schienen ehrlich. Dennoch war Hermanns schlechtes Gewissen unberechtigt. Der weitere Gang durch den Basar machte Ibrahims Verhalten klarer. Er kannte jeden, wirklich jeden im Basar. Und er verstand es meisterlich, seine Gäste dorthin zu führen, wo er ein Interesse ihrerseits vermutet.

Nicht nur Hermann, auch Hajo blieb dies nicht verborgen. Sie waren deswegen nicht böse. Im Gegenteil. Ibrahim kehrte zu keinem Zeitpunkt irgendwelche wirtschaftlichen Interessen oder Absichten nach außen. Immer verhielt er sich wie der Freund, der seine Gäste führt. Hermann und Hajo hatten also nur darauf zu achten, nichts, aber auch gar nichts zu kaufen. Außer dem bereits avisierten Tavla-Spiel. Aber das war manchmal nicht einfach durchzustehen. So verspürten sie letztlich doch eine gewisse Erleichterung, als sie den Basarbereich hinter sich ließen.

Galata

Wo sollte er weitersuchen? Oder wann sollte er wo suchen? Zwei vergebliche, vielleicht von vorn herein aussichtslose Versuche im Basar. Fehlanzeige in den Moscheen. Hm, schade, die Altertümer wären schon einen längeren Besuch wert gewesen. In der Gegend um den Pudding-Shop, dem Treffpunkt der meisten Orientreisen, gähnende Leere, kein Mitteleuropäer zu sehen. Nun stand er am Ufer des Goldenen Horns und schaute einen Moment noch auf das Menschengewimmel und die Blechlawine auf der Galata-Brücke. Der frische Wind fegte vom Wasser her in sein kurzes Haar, kühlte seine Stirn. Die Luftwellen trugen auch das Sirenengeheul der Fähren, das Schreien der Menschen beim Entladen der Schiffe, das Nageln von schweren Dieselmaschinen aus alten Bootsrümpfen an sein Ohr. Der Ölgestank mischte sich mit den Abgasen vorbeifahrender Autos, bildete kaum einen Kontrast zu dem Duft gebratener Fische. Fischer hatten ihre Boote dort vertäut, wo der Gehsteig direkt an das Wasser grenzte. Im Bootsrumpf brutzelten in einer großen Pfanne von gut einem Meter Durchmesser frisch gefangene Fische. Auf der Gehwegkante gut mannshoch über der Wasseroberfläche hatten die Fischer große, ehemalige Konservengläser, die einen gefüllt mit Salz, die anderen als Ständer für kleine Stangen eines Zwiebel- oder Lauchgemüses, für ihre Kunden zur Selbstbedienung aufstellt. Jakob kaufte sich hier sein Mittagessen. Der Bootsbesitzer reichte ihm den zubereiteten, in eine rausgerissene Seite eines alten Telefonbuches eingebetteten Fisch hoch. Jakob streute eine Prise Salz über die Mahlzeit und griff sich eine der Gemüsestangen. Es schmeckte ihm ausgezeichnet. Für einen Augenblick vergaß er seine Suche. Er genoss den herzhaften Geschmack. Die Hitze und der Staub verschwanden von seiner Zunge. Jakobs Blick fiel auf den asiatischen Teil der Stadt weit hinten auf der anderen Seite des Bosporus. Es kribbelte in seinen Fingern. Mit dem Motorrad weiter in den Osten ...!

Ohrenbetäubendes Hupen eines vorbeipolternden Lastwagens schreckte ihn auf. Seine Augen fingen einzelne Häuser aus dem Dächermeer von Beyoglu, dessen alter Name der Brücke ihren Namen gegeben hatte, ein. Ja, dort drüben auf der anderen Seite des Halic, des Goldenen Horns, wollte er einen vielleicht letzten Versuch unternehmen.

Tschüss, Sultan Ahmet

Neugierig folgten Hermann und Hajo Ibrahim in die Moschee.

»Wir müssen hier hinter dieser Absperrung bleiben«, wies der Türke mit gedämpfter Stimme an. »Nun, seht ihr ihn?«

Einen Augenblick noch mussten sich ihre Augen an die frische Dunkelheit gewöhnen, dann ließen die beiden ihre Blicke schweifen. Der große, weite, durch das einfallende Sonnenlicht nur spärlich erleuchtete Raum war gut zu überschauen. Kein Möbelstück versperrte die Sicht. Den einzigen Komfort, der geboten wurde, sahen Hermann und Hajo auf dem Fußboden liegen: ein Meer von Teppichen, Stück für Stück aneinandergereiht, vielleicht in zwei, drei Lagen übereinandergeschichtet. Vier massive Pfeiler ziemlich weit außen trugen die Kuppel. Drüben auf der anderen Seite die Kiblawand, eine Art Gebetswand, in der Richtung nach Mekka. Eine lange, weit und frei in den Raum hineinragende Treppe führte zu einer kleinen Kanzel etwa acht Meter über dem Boden an der Wand, der Mihrab, wie ihnen Ibrahim wenig später erläuterte. Nur eine einzelne Menschengruppe, bestehend aus zehn, zwölf Männern, war in der Weite hinten am anderen Raumende auszumachen. Versammelt im gemeinsamen Gebet knieten die Türken auf dem Boden. Vereinzelte Laute durchschnitten die Stille und drangen an der Besucher Ohr. Der Teppichboden schaffte eine wohltuend gedämpfte Atmosphäre.

Zwei Männer schritten in den Raum. Sie legten ihre Hände zunächst an die Ohren und führten sie anschließend vor die Brust. Sie verharrten so einen Moment und verneigten sich tief. Für wieder eine kurze Zeit standen sie aufrecht, knieten sodann nieder und berührten mit dem Kopf den Teppichboden. Sie wandten sich zu jeder Seite und erhoben anschließend wie die bereits anwesenden Männer die Hände zum Gebet.

Weit entfernt von den Männern, auf der anderen Seite des Kuppelraumes, dicht bei Hajo und Hermann, knieten die Frauen zum Gebet. Ansonsten war außer den wenigen Touristen direkt am Eingang niemand zu sehen.

»Nein. Wenn Jakob überhaupt in Istanbul ist, hier ist er nicht.« Hajos Stimme klang nach wie vor skeptisch. Er hatte den Vorfall von gestern letztlich doch so wenig ernst genommen, dass er heute die Suchabsicht tief im Gedankenwirrwarr vergraben und vergessen hatte. Doch kaum waren sie aus dem Basar, hielt es Hermann nicht mehr und er drängte auf Aktionen. Hajo blieb es rätselhaft, warum der Alte so fest an das Unwahrscheinliche glaubte.

Nun standen sie in der Sultan-Ahmet-Moschee, der ›Blauen‹ Moschee.

»Hermann, ich glaube nicht, dass er hier in der Stadt ist. Lass uns die Sache für vier Tage vergessen, dann sehen wir weiter.«

Hermann stützte sich an einer Säule ab.

»Ich habe ihn gesehen. Und ich weiß, er sucht uns. Ich weiß es.« Seine Stimme klang schwach. Er sah müde aus. Die Wege des bisherigen Tages und die Hitze zeigten ihre Wirkung. »Aber ich kann nicht mehr. Für heute nicht.« Er prustete. Einen Moment lang standen die drei wortlos herum.

»Hallo, Leute, ihr müsst nicht traurig sein. Seht euch hier um.« Ibrahims Worte schreckten sie auf. »Hier steht ihr vor Zeugnissen Allahs Allmächtigkeit, und ihr schlagt euch mit unwichtigen Problemen herum. Allah wird es so einrichten, wie es kommen muss.« Seine Augen funkelten wieder.

Hermann und Hajo schauten nach oben. Alte Schriftzüge auf halbverwittertem Putz schienen der einzige Schmuck zu sein.

»Und warum ›Blaue‹ Moschee?«

»Na, schade, dass die Sonne jetzt nicht ungehindert einfallen kann. Wenn ihr genau hinschaut, könnt ihr vielleicht die Farbe der Schriftzüge erkennen. Sie sind blau. Und seht euch die Kacheln an. Darum.«

Das Tageslicht spiegelte sich in den glänzenden Kacheln, wurde von ihnen in den lichten Raum zurückgeworfen. Blau. Blau in blau. Kachel an Kachel. Blau durchflutete den Raum.

Noch eine halbe Stunde standen sie im Innern des Gotteshauses. Dann suchten sie ein nahegelegenes Teehaus auf und setzten sich an einen der davorstehenden Tische. Bei einem Tee wühlten sie weiter in Historie.

»... Aber glaubt nicht die übliche Geschichte, dass die Sultan-Ahmet-Moschee sechs Minarette hat, nur weil der Sultan mit dieser Zahl protzen wollte. Ihr müsst wissen, üblich sind vier. ›Üblich‹ ist gleichbedeutend mit ›vorgeschrieben‹. Sechs Minarette verleihen der Moschee einen unerlaubten Prunk. Nein, es war ein Missverständnis zwischen dem Sultan und seinem Architekten. Ahmet wollte nicht sechs, sondern goldene Minarette. In unserer Sprache sind die Worte sehr ähnlich: alci und alcin. Glaubt mir, so war's.«

»Wovon lebst du, Ibrahim?«, unterbrach ihn Hajo. »Hast du zur Zeit Urlaub? Dann find ich es ganz toll, dass du dir so viel Zeit nimmst, uns durch die Straßen zu führen.«

Ibrahim merkte sofort, wie Hajo seine Frage gemeint hatte. Stolz baute er seinen Oberkörper auf. »Ich bin nur jetzt im Sommer hier. Während des Rests des Jahres lebe ich in Anatolien. In einem kleinen Dorf führe ich eine Bäckerei. Und dass ich euch ein wenig führe, das ist gar nichts. Es macht mir großen Spaß.« Er zögerte einen Moment. »Ihr solltet nicht glauben, dass ich euch zu irgendjemandem führe, um von den Händlern Geld zu erhalten. Das dürft ihr nicht glauben.«

Ohne den letzten Zusatz klang Ibrahims Erklärung glaubhaft. Doch nach dem zuletzt Gesagten fand Hermann seine bisherige Vermutung bestätigt. Und auch Hajo hatte nun keinen Zweifel, woran er war. Aber ihr Verhältnis zu Ibrahim sollte dadurch nicht getrübt werden. Beide hatten den freundlichen Türken fest in ihr Herz geschlossen.

Hermann erholte sich langsam. Doch beschlossen sie, nicht weiter durch die Stadt zu laufen, sondern bald zum Campingplatz zurückzufahren.

Sie kauften noch das gewünschte Spiel. Nun, Ibrahim hatte nicht übertrieben. Die alte Frau bot tatsächlich ein jämmerliches Bild mit ihren verheulten Augen. Die Spiele, die sie zur Auswahl anbot, waren nicht sauber verarbeitet. Aber das interessierte Hajo nicht mehr. Er wusste, dass das Spiel mit der saubersten Verarbeitung Istanbuls ihm nicht so viel bedeuten würde wie eines der jetzt vor ihm liegenden.

Mit einem Holzkasten unter dem Arm stieg er hinter Hermann ein wenig später in den Bus. Sie winkten Ibrahim noch einmal zu. Dann fuhr der Bus. Hermann schaute nachdenklich auf Ibrahims Visitenkarte.

Reflektionen I

Ich habe ihn gesehen. Ich weiß es. Nein, ich kann es dem Jungen nicht verdenken, dass er mir nicht glaubt. Außerdem, was soll der Däne hier? Sucht er uns? Dann hätte er uns unvergleichlich schnell auf dem Campingplatz ausfinden können. So viele Plätze dieser Art gibt es hier ja nicht, oder? Warum ist er allein hier? Ist er überhaupt allein hier?

Ich kann's nicht greifen! Es dreht sich in meinem Kopf wieder und wieder um den gleichen Punkt. Aber ich kann's nicht greifen. Doch ich fühle, irgendetwas ist mit Christine oder Troels. Das macht mich kribbelig!

Hajo scheint's nicht so recht zu interessieren. Mir scheint, er verschließt sich jeder möglichen Ursache für Unruhe, soweit sie mit Christine zu tun hat. Er verdrängt. Ja, das ist es. Er verdrängt. Aber kann ich etwas dagegen tun? Kann ich jetzt etwas tun? Hm, wohl kaum. Wie war das noch damals? Ich hab mir ja auch nie irgendwo reinreden lassen. Außer durch Lisa. Ja, das war auch etwas anderes. Wir kannten uns sehr genau. Vor allem - wir wussten, dass wir einander sehr gut kannten. Und wollte ich keinen Rat von Lisa annehmen, dann wusste sie, dass es so war. Und das war ebenso wertvoll.

Wie würde sie heute reagieren? Was würde sie tun? Sie würde, glaube ich, nicht versuchen, den Jungen irgendwie zu beschwatzen. Nein, da bin ich sicher. Da wäre ihr etwas anderes, weniger Drängendes in den Sinn gekommen. Ja, das konnte sie – gefühlvoll steuern, vorsichtig berühren.

Mein Gott wie schade, dass sie nicht dabei sein kann. Hätte sie es überhaupt gemacht? Ha, na klar! Gott, hatten wir Ideen für Unternehmungen! Die gingen uns nie aus. Und warum gingen sie mir nur aus, nachdem sie gestorben war? Warum?

Es ist schade, dass sie nicht miterleben kann. Die Erinnerung stimmt mich traurig. Aber darf mich das lähmen? Ja, es hat mich gelähmt. Lähmte sogar meinen Körper. Machte mich schwach. Meinen Körper, meine Beine krank. Aber sie sind es nicht. Ich bin gesund! Ich spüre es. Ja, ich habe mein Alter zu tragen. Das ist nicht leicht. Die Last der Jahre wie der Erinnerungen drückt manches Mal schwer, macht Bewegungen träge. Ich kann nicht mehr springen wie ein Zwanzigjähriger. Die Hitze nimmt mir die Luft, fordert mein Herz über gewöhnte Gebühr. Aber ich bin nicht krank! Das steht jetzt auch fest. Ich habe mir einen Traum verwirklicht, nachdem ich mich selbst bereits begraben hatte. Begraben wie einen Toten. Unter all meinen Wehleiden und Erinnerungen. Ha, die Gedanken! Einen scheinbar übermächtigen Gegner hatte ich mir aufgebaut. Meine eigenen Erinnerungen. Sie erstickten jeden Funken neuen Lebens. Ein Mensch ging und hinterließ eine Lücke. Und ich Idiot starrte nur noch auf dieses Loch, dieses Nichts. Es wurde größer und größer. Und ich fiel mit allem, das in mir noch lebte, hinein. Statt mit dem weiterzuleben, was noch geblieben war. Mit dem, was nicht Loch war. Meinen alten Ideen, meiner letzten Kraft. Und ich schuf mir nichts Neues. Keine neuen Ideen. Ich suchte nicht einmal danach. Dabei ist die Suche im Unbekannten gar nicht so schwer.

Es macht Spaß. Vielleicht hat Ibrahim Recht. Nicht alles klären zu müssen, alles im Voraus zu wissen. Allah sorgt schon dafür, dass alles so kommt, wie es kommen muss.

Mein Gott, dieser Teppichhändler. Der verschwendet mit Sicherheit keinen Gedanken an Grübeleien. Nein, der ist echter Händler, mit Leib und Seele. Er versteht darunter nicht Kaufen und Verkaufen. Das ist nur ein Aspekt. Klappt ein Geschäft nicht, handelt er: er erzählt, bewirtet, hört zu - dann ohne bestimmte Absicht. Er lebt.

Und was stören hier Beulen in Autokarosserien? Vollkommen unwichtig. Hauptsache, die Kiste fährt, und zwar lange. Schönheit des Autos ist weniger wichtig. - Wenn auch nicht ganz, wie die geschmückten Fenster beweisen. - Doch was wirklich zählt, ist die Schönheit des Lebens. Ein Auskommen haben, zu genießen, sich gegenseitig zu helfen ... Kein Zweifel, Ibrahim hat uns nicht selbstlos geführt, nicht ohne Absicht. Aber welche Absichten auch daran beteiligt waren, sie bestimmten nicht sein Handeln. Er war jederzeit in erster Linie Gastgeber. Hm, auch eine besondere Art von Stil.

Trotzdem ... mir geht die Sache mit Jakob nicht aus dem Sinn ... Er sucht jemanden. Vielleicht gar nicht uns? - Christine! Oder Troels? Aber wo ist dann Chris? ... Wen oder was sucht er? ...

Reflektionen II

Es macht keinen Sinn mehr. Die Deutschen hier in dem Gewühl zu suchen, ist zwecklos. Von dem Bully keine Spur. Fehlanzeige an den markanten Plätzen: Eine aussichtslose Hektik im Basar. Erfolgversprechende Plätze schienen mir die Moscheen. Aber wann kommen sie dorthin? Vielleicht waren sie schon dort? Da warte ich eventuell tagelang. Und sonst irgendwo in der Stadt ...?

Ha, das war schon eine Schau! Mitten im Puff von Istanbul! Verrückt und stark! In der Straße rumstehen, Tee trinken, Frauen und Mädchen in den Fenstern liegen oder vor den Türen stehen sehen, sie genüsslich betrachten. Nebenher die Kleinigkeit essen, die man sich von einem der zahlreichen jungen Burschen hat bringen lassen. Und zwischen den Besuchern die Wasser- und Limonadenverkäufer mit ihren Behältern auf dem Rücken und den Glasständern vor dem Bauch. - Na, wo die wohl ihr Wasser holen? Trinken würde ich bei denen nichts. Einen Schluck Hepatitis kann ich auch direkt unter der Galata-Brücke nehmen. Nei tak. - Ob das wirklich stimmt, was der junge Mann erzählte? Dass es dort verboten ist, den Geschlechtsakt zu vollziehen? Dass lediglich Liebkosungen erlaubt sind? Zu den Geschichten aus Tausendundeiner Nacht würde es passen.

Hm, für diese Stadt müsste ich Zeit haben. Aber so ... - Ich brech auf! In wenigen Tagen finde ich sie sowieso. Jetzt muss ich Troels wiedertreffen. Das ist wichtiger. Vielleicht ist die ganze Aufregung gar nicht mehr notwendig.

Dieser Zustand macht einiges einfacher. Es tut gut, den Tank zwischen den Knien zu spüren, die Griffe in den Handflächen zu fühlen. Ha, das vertraute Brummen und Schütteln des Motors! Wie die Wärme in mir aufsteigt! Den Gang einlegen und losfahren! Wer weiß wohin? Und nicht mehr anhalten! Felder und Wiesen vorbei- fliegen sehen! Menschen kennenlernen! Den Wind, das Wetter im Gesicht spüren! Es ist immer das gleiche. Ich setze mich auf die Maschine und kribbelnd steigt in meinem Körper die Erwartung auf. Machen mich ungeduldig. Und werden während der Fahrt Maschine und Körper eins, fällt vieles von mir ab. Nicht alles, aber vieles. Ich kann es wohl im Augenblick gut gebrauchen, ich fühle mich zu hektisch. Warum?

Als bläst er durch meinen Kopf hindurch, der Fahrtwind. Ha, ich kann sie fast greifen! Als trüge mich die Beschleunigung mit ihrer Kraft bis auf eine Handbreit an die Freiheit heran. Sicherlich, ein trügerisches Gefühl. Aber es hilft. - Was hat mir eben noch so viel Kopfzerbrechen bereitet?

Ich fliege! Nein, der Asphalt fliegt unter meinen Füßen vorbei. Und doch klebe ich in der Welt. Jeder Luftzug trägt den Geruch von Leben an mich heran. Dieser penetrante Dieselgestank des Lastwagens vor mir! Vermischt mit dem trockenen, staubigen Ge- schmack der Stadt. Dieser Bratgeruch von Kebab strömte wohl aus dem Restaurant, an dem ich gerade vorbeigefahren bin. Ich vermisse den vertrauten Hauch von Pflanzen. Die Nase meldet mir den Geruch von Hektik und Zivilisation, doch nicht den des natürlichen Lebens.

Ich rieche, was ich sehe! Die Armen in ihren Autos!

Ach ja, Troels! Ich hätte vielleicht doch nicht zustimmen sollen. Aber es ist müßig, jetzt darüber nachzudenken. Wahrscheinlich hätte ich ihm den Wunsch keinesfalls abschlagen können. Aber allein, ohne Christine, nur er und ich, weiterzufahren, hätte sicherlich unserer Freundschaft mehr gebracht. Wir hätten mehr gemeinsam unternommen, als wir es jetzt tun werden - wenn sie wiederauftaucht. Andererseits, sie ist nett, sehr nett. Ihre Herz- lichkeit, ihre Wärme scheint greifbar. Wenn Troels nicht wäre ...

Wisch's weg, Jakob! Kein Thema!

All seine Gedanken hinderten Jakob an einer uneinge- schränkten Wahrnehmung der Umwelt. Sonst wäre er beim

Anblick des BP Mocamp drüben auf der anderen Seite der breiten Straße auf die Idee gekommen, dass er bei seiner Suche einen wichtigen, naheliegenden Aspekt für ein systematisches Vorgehen außer Acht gelassen hatte.

Und sicherlich wäre ihm ein wild gestikulierender junger Mann in der Einfahrt des Campingplatzes aufgefallen.

Beim Zeus!

Nein. Der Campingplatzbesitzer schüttelte den Kopf. Sein Kumpan sei nicht mehr hier. Er habe den Ort einen Tag später verlassen. Wohin? Er wisse es nicht. Vielleicht Richtung Süden, vielleicht Richtung Norden. Er zuckte die Schultern.

Ein Mädchen sei an jenem Morgen noch auf dem Campingplatz gewesen und habe nach Troels gefragt.

»Ein Mädchen?!«

»Ne.« Der Alte nickte. Für einen Augenblick war Jakob komplett verwirrt. Das griechische Wort für ›ja‹ klang der dänischen Verneinung zu ähnlich. Er hatte sich immer noch nicht daran gewöhnt, so dass im ersten Moment das Kopfnicken auf ihn wie ein ›auf den Arm nehmen‹ wirkte. Dann hatte er sich wieder sortiert.

Die Antworten auf seine Fragen nach dem Aussehen des Mädchens ließen keinen Zweifel: Christine!

»Sind sie zusammen weitergefahren?«

Der Alte verzog die Mundwinkel. Der Rest seiner Antwort bestand lediglich aus einem wiederholten Schulterzucken.

Warum hatten sie nicht gewartet? Wo war Christine plötzlich wiederhergekommen? Wie hatte Troels Christine gefunden, oder sie ihn? Wo waren sie jetzt? Waren sie überhaupt zusammen?

Fragen, auf die Jakob sich jetzt keinen Reim machen konnte. Das Unerwartete dieser Information war zu viel auf einmal. Christine wiederaufgetaucht und Troels trotzdem nicht hier?

Jakob bedankte sich bei dem Griechen und ging zu dem Motorrad, das auf dem leeren Platz ziemlich in der Mitte stand. Schnell hatte er abgepackt und baute das Minipackzelt auf. Es war schon spät am Tag. Der Däne war müde. Damit stand fest, dass er heute nichts mehr unternehmen würde. Er kaufte sich bei dem Alten eine kleine Flasche Retsina - den ersten auf dieser Fahrt - und hockte sich in die Abendsonne vor das Zelt. Die Stille wurde nur dann und wann von einem vorbeifahrenden Zug auf den Gleisen zwischen dem Campingplatz und der Straße unterbrochen. Im Osten lag das Meer. Direkt hinter dem Zeltplatz führte ein schmaler Pfad die recht hohe Strandböschung hinunter. Auf der anderen Seite, im Landesinneren, reckte der fast dreitausend Meter hohe Olymp seine Umrisse in den Abendhimmel.

Der Harzgeschmack des Weines zog ihm die Muskeln zusammen. Brrr! Nach drei Schluck stellte er die Flasche beiseite. Klare Gedanken wollten ihm nicht kommen. Er war zu erschöpft. So legte er sich bald schlafen.

Der nächste Tag verlief ruhig. Nach wie vor bestimmte Ratlosigkeit seine Gedanken. Hier wollten Troels und er sich treffen, unabhängig von den Sucherfolgen jedes einzelnen. Heute war der vereinbarte Tag.

Er hatte keinen Anhaltspunkt dafür, wohin Troels oder die beiden gefahren waren. Eines war jedoch wohl sicher: seine ursprüngliche Annahme, Christines plötzliches Verschwinden bedeute, dass sie Hajo und Hermann doch noch Richtung Istanbul nachgefahren sei, war nun haltlos. Er verspürte Erleichterung. Seine Befürchtung, dass Christine etwas auf ihrem alleinigen Weg nach Istanbul geschehen könnte, war somit wie weggeblasen. Es war also zunächst auch unbedeutend, dass er Hajo und Hermann nicht gefunden hatte. Da sie um die Ereignisse der letzten Tage nicht wussten und nach wie vor Christine treffen wollten, würden sie den vereinbarten Treffpunkt anfahren. Dort würde Jakob sie also treffen. Und Gott sei Dank, Christine war in Ordnung.

Aber wo war Christine gewesen? Warum hatten sie nicht auf ihn gewartet? Was war geschehen? Jakob wusste keine Antwort. Und ohne eine Teilantwort wusste er nicht, wohin er sich wenden sollte.

Mit ruhigen Handgriffen machte er das Motorrad startklar. Ohne belastendes Gepäck bog er auf die Hauptstraße, um nach wenigen Kilometern westwärts nach Litochoron zu fahren. Er durchquerte das Dorf und schwang sich durch enge Serpentinen auf einer schmalen Bergstraße den Olymp hinauf. Weit unter sich sah er die zwei oder drei Kilometer breite Küstenebene, dahinter durch eine dunstige Luftdecke verschleiert den Golf von Thessaloniki in blassem Blau. Vorbei an einem Kloster führte der

Asphalt. Schon bald ging der Straßenbelag in Schotter über. Das Motorrad bleib leicht zu beherrschen. Steine spritzten zur Seite, der Reifen schleuderte Brocken nach hinten. Dann und wann knallte das Vorderrad in irgendein Schlagloch. Der Lauf des Zweirads war schnell korrigiert. Eng reichte der kniehohe Fels an den rechten Wegrand. Eng und uneinsichtig folgten die Kurven aufeinander. Lediglich am Ende des Weges, am Ausgangspunkt eines tiefen Taleinschnittes hoch oben im Bereich der Schneegrenze, war Jakob gezwungen, sich zur besseren Maschinenbeherrschung in die Fußrasten zu stellen. Er wuchtete das Motorrad über bis zu kopfgroße Steine.

Hier oben herrschte Ruhe. Die tiefhängenden Wolken tauchten die Luft in Feuchtigkeit. Jakob stellte die BMW ab und wanderte ein wenig in der Gegend. Das Plätschern des sich hier zu einem Bach vereinigende Schmelzwasser verbreitete beruhigende Monotonie. Die Abgeschiedenheit dieses Fleckens versetzte Jakob in die Lage, wieder abgeklärt zu denken.

»So etwas Verrücktes!«

Sollte er direkt nach Gerolimin, dem mit Hajo und Hermann vereinbarten Treffpunkt, fahren? Wozu? Troels und Chris konnten ihn hier schneller treffen, wenn sie wollten. Und wenn sie zusammen waren. Oder wollten sie keine zwei oder drei Tage in dieser Gegend warten, ohne irgendetwas zu erleben? Dann gab es zwei Möglichkeiten: entweder er traf sie in Gerolimin, dann aber sicher nicht vor dem vereinbarten Zeitpunkt in vielleicht drei Tagen, oder hier auf dem Campingplatz, dann aber heute oder morgen. Oder wollten sie ihn gar nicht treffen? Oder konnten es nicht? Diese Fragen blieben unbeantwortet. Aufgrund solcher Spekulationen konnte er keine Entscheidungen über sein weiteres Vorgehen fällen. In wenigen Tagen wüsste er sicherlich mehr.

Bei Gott, was war eigentlich im Gange? Jakob schaute den Hang hinauf in die Wolken, wo er ungefähr den Gipfel vermutete. »Beim Zeus ...!«, brummte er in Gedanken versunken. Über grobes Geröll hinweg stieg er wieder zum Motorrad zurück.

Gemütlich fuhr er hinab. Er hatte Zeit. Er wusste jetzt, was zu tun war. Bis morgen früh noch hier auf Troels warten, dann nach Süden aufbrechen. Sollte Troels sich verspäten - was Jakob nicht glaubte -, würde er nachkommen. Außerdem konnte Jakob nur dort mit Sicherheit Hajo und Hermann treffen. Denn hier im Norden müsste er ja permanent an der Straße hocken, um sie abzufangen. Und selbst dann könnte er nicht sicher sein, dass sie auch wirklich diesen Weg nehmen würden.

Vereinzelte Schottersteine knallten gegen die Ölwanne. Er genoss diese Landschaft, die Bäume in ihrem satten Grün, die wohltuende Kühle, die Einsamkeit. Dieser Ausflug hatte seinen Kopf freigeblasen. Kein Gedanke ließ ihn mehr verkrampfen. Stattdessen sog er mit jedem Atemzug und jedem Blick Natur und Landschaft in sich auf.

Wie richtig er mit einem Punkt seiner Überlegungen lag, belegte ein VW-Bus, der zu dieser Zeit von ihm nicht zu bemerken über die Küstenstraße am Campingplatz vorbei nach Süden rollte.

Straße nach Süden

Breit zog sich die gut ausgebaute Straße nach Süden. Die Bilder der Landschaft flogen vorbei. Nein, sie flogen nicht vorbei. Jakob durchschnitt sie auf dem Motorrad sitzend. Zu verweilen lockte es ihn nirgends. Der Dunstkreis der Verkehrsader verbreitete Eintönigkeit. Die Geschäftigkeit in den Orten, die er durcheilte, kam Jakob vertraut vor.

Viele der einfachen, in typisch südlichem Baustil errichteten Häuser bargen in ihrer Straßenfront kleine Geschäfte. Der Tageszeit entsprechend - die Sonne stand noch weit im östlichen Teil ihres täglichen Bogens - beschäftigten sich viele Ladeninhaber damit, ihre Vorräte aufzufüllen. Kleinlastwagen und einfache Pick-Ups wurden auf der Straße entladen. Gemüse, Fleisch, Früchte, Kästen mit Flaschen, auch Kleider und Kleinmöbel - jedem das seine. Doch die augenscheinliche Fremdländigkeit verbarg dem Dänen nicht jene Hektik und Nüchternheit des Geschäftslebens, die ihm aus seinem Heimatland hinreichend bekannt war. Der Bazillus der Straße ist überall der gleiche. Als kralle er sich in den Gemäuern und Menschen fest, formt er das Leben beidseits der Fahrbahn.

Ein Schwerlastwagen donnerte vorbei. Das Heulen der Automotoren und das Jaulen der Hupen quälten des Dänen Ohr.

Und abseits der Straße? Wie war's dort? Jakob wollte es in dieser Region nicht wissen. Er ließ sich von seinen Augen führen. Und nirgends in seinem Blickfeld konnte er einen Punkt fixieren, der ihm zum Verbleiben einlud. Vielleicht tat er durch seine Ablehnung der Landschaft oder dem Kulturkreis unrecht? Vielleicht. Doch kaum setzte er sich mit dieser Frage auseinander, erdrückte ihn der Dunstkreis der Straße.

Er verließ den direkten Weg nach Athen. Südlich von Lamia nahm er Kurs auf Delphi. Vor ihm türmte sich ein Gebirgszug auf. Die Straße verlor ihre Oberflächlichkeit. Hier und da hemmten Schlaglöcher die gleichförmige Bewegung, Schotterabschnitte zwangen Jakob zu konzentrierterem Fahren. Sonne, Fahrtwind und veränderte Umgebung drängten in seinen Körper. Der Schotter rüttelte ihn frei, befreite ihn aus seiner Ablehnung. Mit der guten Straße ging die Hektik. Mit der schlechten kam der Fahrspaß. Und mit dem Fahrspaß war das Interesse für das Links und Rechts neben dem Vorn wiedererwacht. Öde, karge Fels und Sandhänge säumten seinen Weg.

In spitzen Kehren schlängelte sich die Straße nach Delphi den Hang hinauf. Die ungehindert fast senkrecht von oben auf den Dänen brennende Sonne heizte das Schwarz der Lederjacke auf. Im Innern der Ärmel klebte die feuchte Haut am Futter. Zum ersten Mal auf dieser Tour spürte Jakob den leichten, stechenden Schmerz eines Sonnenbrandes auf den Handgelenken. Die Strahlen der Sonne hatten ihren Weg zwischen Jackenärmel und den nur angedeuteten Stulpen der kurzen Sommerhandschuhe hindurch gefunden. Jakob kniff die Augen zusammen. Das Schirmchen des Helmes schützte nur unzureichend gegen das grelle Licht.

Seine Zunge befeuchtete die staubtrockenen Lippen. Er hatte Durst. In einer der Kehren unterbrach er seine Fahrt. Das Wasser aus der Feldflasche schmeckte angenehm kühl. Nach dem zweiten Schluck schüttete er etwas Wasser in die zu einer Mulde geformte linke Handfläche und befeuchtete damit den die Feldflasche umschließenden Filz. Das würde die Flasche weiter kühlen. Jakob hängte sie wieder hinter sich ans Motorrad.

Sein Blick fiel zurück auf die Ebene, die er nun verließ. Der Dunst machte es schwer, in dem hellen Nichts überhaupt irgendwelche Einzelheiten zu erkennen. Wieder kniff Jakob die Augen zusammen. Den Verlauf der Straße konnte er noch erkennen, doch zu entscheiden, ob dort etwas fuhr, war kaum möglich. Und ganz ausgeschlossen zu ergründen, ob dort unten irgendwo eine rote Enduro ihre Bahn zog.

Er kratzte sich am unrasierten Kinn, zog sich die Handschuh wieder über und startete den Motor. Er freute sich über den neuerlichen Fahrtwind.

Die Höhe empfing ihn mit geringerer Temperatur, stärkerem Wind und einem satten Pflanzengrün.

Hatte Jakob beabsichtigt, dem Orakel von Delphi einen Besuch abzustatten - auch wenn er sich dort kaum irgendeine Hilfestellung für seine Suche erwartete -, so verzichtete er spontan darauf angesichts der Unzahl von Personenwagen und Bussen am Straßenrand. Jakob bummelte vorbei.

Es ließ sich nicht vermeiden: der Dunstkreis der Straße fing ihn wieder ein. Jakob drehte auf. Er eilte Korinth entgegen.

Es war Mittagszeit. Vor dem kleinen Gasthaus stand ein tiefblaues Motorrad. Auch eine BMW, stellte Jakob fest. Grund genug für ihn, dieses Gasthaus zur Einkehr zu wählen und keins der anderen in der Nähe befindlichen. Der feine Sandstaub wirbelte auf, als der Däne die Maschine auf den Seitenständer kippen ließ und den linken Stiefel fest auf den Boden setzte. Jetzt ohne den Fahrtwind war sein Gesicht frei von jeglicher angenehmen Kühlung wieder den stechenden Sonnenstrahlen ausgesetzt. Jeder Fetzen unbedeckter Haut funkelte voller glitzernder Schweißperlen.

Im Vorbeigehen warf Jakob einen kurzen Blick auf das andere Motorrad. Abgesehen von den gleiche Packtaschen, die sich auch an Jakobs Maschine befanden, stand das Fahrzeug in seriennahem Zustand vor ihm. Sonstiger Unterschied: lediglich 600 statt 800 Kubik. Deutsche Zulassung.

Jakob stieg die zwei Steinstufen hoch und betrat den kühlen Gastraum. Der Duft zubereiteten Essens zog ihm seine Geschmacksnerven zusammen. In seinem Mund sammelte sich das Wasser. Als einziger Gast in dem Raum saß ein etwa gleichaltriger, blonder Mann an einem Tisch vor dem einzigen Fenster zur Straße. Auf dem Nachbartisch lag sein Helm. Zielstrebig steuerte Jakob auf den Motorradfahrer zu. Ohne zu zögern lud dieser ihn ein, an seinem Tisch Platz zu nehmen.

Schnell stellte sich heraus, dass die Sprache kein Hindernis war. Jakobs Gegenüber sprach Englisch.

»Ist der Wirt nicht da?«

»Doch. Vor wenigen Minuten noch hockte er in der Küche. Du brauchst nicht auf ihn warten. Geh hinein und bestell, was du willst.«

»Und was gibt's zu essen?«

»Hähnchen, wie du siehst.« Er reckte demonstrativ den Geflügelschenkel, den er gerade abnagte, in die Luft. »Kartoffeln ...« - er zeigte auf den Teller auf dem Tisch – »... und griechischer Salat.« In einem Schälchen befanden sich noch Reste von grünen Blättern und Tomatenstücken.

»Vor allem der Salat ist sehr zu empfehlen. Es gibt noch andere Gerichte. Als ich bestellte, durfte ich in jeden Topf schauen und wählen. Ich bestellte nur Sachen, die ich ohne Schwierigkeiten erkannte.« Er deutete wieder auf den Teller. Jakob nickte und ging zur Küche hinüber. Er betrat eine wahrhaft winzige Küche. Der große Herd nahm fast den halben Raum ein. Riesige Töpfe ließen den Schluss zu, dass die Speisen für mehrere Tage im angemacht worden waren. Ein kleiner, ältere Mann erhob sich von seinem Hocker und grüßte mit einer überfreundlichen, fast buckelnden Verbeugung.

Jakob erwiderte den Gruß durch leichtes Kopfnicken. Mit den Fingern der rechten Hand eine Schaufelbewegung vor dem Mund imitierend gab Jakob zu verstehen, dass er etwas essen wollte. Der Grieche nickte freundlich und lud den Dänen ein, in die Töpfe zu gucken. Viel Öl, viel Fett, viele Hülsenfrüchte, starke Gewürze. Alles eintopfmäßig zubereitet. Jakob wählte Kartoffeln mit einem Gemisch aus Hammelfleisch und Auberginen. Dazu einen Salat. Der Wirt servierte die Mahlzeit am Tisch.

»Ich heiße Jakob. Und du?«

»Markus. Deutschland. Angenehm.« Der Deutsche schaute verschmitzt. Sein leichtes Grinsen wurde von seinem blonden Schnäuzer halb verdeckt.

»Bist du schon lange hier in dieser Gegend, Markus?«

»Nein. Ich habe mich eine Zeitlang in Nordgriechenland herumgetrieben und bin auf dem Weg in die Gegend um Epidauros oder Nafplion. Und du?«

»Ich komme praktisch geradewegs aus Istanbul.«

Markus verzog den Mund anerkennend und nickte bewundernd.

»Und nun will ich in den Süden des Peloponnes. Ich hoffe, dort einige Freunde zu treffen. Aber sicher bin ich nicht, ihnen wirklich zu begegnen.« Und Jakob erzählte die Geschichte der letzten Tage.

»Na, mach dir da mal nicht zu viele Sorgen. Nach meinen Erfahrungen der letzten drei Wochen wird es dir kaum gelingen, sie nicht zu finden. Das griechische Festland ist klein, sehr klein. Wen ich unterwegs auch kennenlernte, wenige Tage später lief mir derjenige wieder über den Weg. So fuhr ich bis gestern gemeinsam mit Bernd, einem Deutschen, den ich das erste Mal auf Korfu traf. Einen Tag später sahen wir uns auf dem Festland wieder. Und als wir bei Meteora uns beinahe gegenseitig über den Haufen gefahren hatten, beschlossen wir, gemeinsam Richtung Süden weiterzufahren. Gestern trennten wir uns. Bernd Richtung Athen und ich ... na, hier bin ich.«

»Deine Streckenführung hört sich gut an. Wie lange bist du denn jetzt unterwegs?«

»Knapp drei Wochen.«

»Und wie lang' noch? Und wohin?«

Markus zuckte die Schultern.

»Weiß nicht. Zwei Wochen, drei Wochen. Vielleicht auch vier. Wie's gerade passt - die Zeit und das Geld. Ich hatte kein besonderes Ziel. Es fügte sich eben gerade so günstig in meinen Prüfungsablauf. Ich habe ein paar Wochen Zeit. Und ein paar tausend Mark. - Hatte ein paar tausend Mark. Da kaufte ich mir kurzerhand das Motorrad. War ein günstiges Angebot. Zwar eine ›Gummikuh‹« - diese Wort brachte er in Deutsch – »aber für mich und diese Reise gerade richtig.«

»Was ist ...?«

»›Gummikuh‹? Eine Kuh aus Gummi. Die BMW ist so weich und behäbig. Breit und langsam aufs Gas reagierend. Und bequem im Sitz. Eben eine ›Gummikuh‹.«

»Was studierst du?«

»Zahnmedizin.«

»H-hm.« Jakob schluckte seinen letzten Bissen hinunter. Sein Blick fiel durch das Fenster auf das staubige Motorradpaar. Die Reifen schienen hellgrau. Grau auch der voluminöse Tankrucksack auf der grünen Maschine. Die Windschutzscheibe und Beinschutze an Jakobs BMW waren wie die Scheinwerfer an beiden Motorrädern übersät mit Insektenresten. Mücken auch an den Kühlrippen der seitlich herausragenden Zylinder. So von vorn wirkte die grüne Maschine wuchtiger als die blaue. Zweifellos ein Verdienst der angebauten Verkleidungsteile. Gute zweieinhalbtausend Kilometer hatte das ›Mädchen‹ ihn nun getragen. Keine Mucken. Immer der gleiche, beruhigende sonore Klang. Zuverlässig. Sie machte ihm Freude. Eins in der Landschaft gemeinsam durch Kurven schwingend. Bisher hatte es ihm ausgesprochen viel Spaß bereitet. Aber nun? Irgendetwas fehlte. Der Genuss der Freude hatte einen empfindlichen Stich erfahren. Nicht irgendetwas - etwas Bestimmtes war ihm abhanden gekommen. Abhanden gekommen? Wie kann einem etwas abhandenkommen, das man nie besaß? Und doch - abhanden gekommen. Jakobs Gedanken kreisten um die Etappen der Reise. In Gedanken hatte er die Maschine in festem Griff und durchschwang Kurve für Kurve. Aus seinem Innersten rief er dieses unvergleichliche Gefühl ab, alles Unwesentliche - und Wesentliche? - des Lebens zu vergessen, sich manchmal sogar selbst ein wenig zu vergessen. Die Landschaftsbilder wechselten, die Kurven blieben. Eins sein mit der Maschine. In der Freiheit der Gedanken seine Sinne ausschweifen lassen, Unbekanntes durcheilend, und sie wieder einfangen, sie in seinem Innersten zentriert auskosten, in sich aufsaugen.

Und nun hatte er etwas mit seinen Sinnen eingefangen, das mit dem allen nicht zu vergleichen war. Alles Erleben schien ihm ohne ihre Gegenwart weich, nicht greifbar. Einfach fad.

»Magst du nicht mitfahren?« Markus' Stimme schreckte ihn auf.

»Wie ...?«

»Fahr doch mit mir nach Epidauros! Die ein oder zwei Tage hast du bestimmt noch Zeit, bis du in dem Dorf im Süden sein musst.«

»Nein. Ich glaube nicht. Ich muss dahin. Schnell. Und wenn ich dort einige Tage untätig warten muss. Ich muss dahin. Ich hätte keine Ruhe, vorher irgendetwas anderes zu unternehmen.«

»Aber warum? Deine Freunde werden doch sicherlich dort auf dich warten, falls sie vor dir ankommen. Du sagtest, ihr habt keinen festen Zeitpunkt vereinbart?«

»Ja. Nur einen ungefähren Tag.«

»Na siehst du. Die düsen sicherlich irgendwo in dieser herrlichen Gegend herum. Dies ist kein Land für Eile und Hetze.«

»Hm.«

»Und außerdem hast du nach allem Erzählten in den vergangenen Tagen so ein Wahnsinnstempo vorgelegt, dass du garantiert der erste am Treffpunkt sein würdest.«

»Hm. Vielleicht. - Aber es geht doch nicht. Ich muss wissen, was mit Chris passiert ist. Das ist doch nicht normal! Mir nichts, dir nichts ab durch die Mitte. Das würde sie nicht machen. Und Troels? Warum hat er sich noch nicht gemeldet? Er hatte zwei Tage lang dazu eine bombige Gelegenheit. Er tat es nicht. Was hat ihn davon abgehalten? Was ist da passiert? Ich muss es wissen, schnell wissen. Verstehst du das?«

»Klar.« Markus nickte. »Wenn die Ruhe einmal auf und davon ist, ist sie schwer wieder einzufangen.«

Er blickte seinen Gegenüber scharf an.

»Du hast sie sehr gern, stimmt's?«

Jakob lief ein wenig rot an. Er fühlte sich ertappt. Er schluckte kurz, nickte trocken.

»Ich wünsch dir, dass du sie schnell findest. - Und dass es dir das bringt, was du dir davon erhoffst.«

Wieder dieses verschmitzte Grinsen, aber es strahlte Wärme aus, wirkte wohltuend auf den Dänen. Jakob war froh, dass Markus ihn so direkt darauf angesprochen hatte. Es musste wohl ein Fremder sein, mit dem er darüber sprechen konnte. Abgesehen davon, dass sowieso keiner - kein Troels, kein Hajo, kein Hermann - in der Nähe waren - mit keinem der direkt Beteiligten hätte er auch nur die Spur eines Gespräches über sein Problem führen können. Sie waren halt alle irgendwie Bestandteil seines Problems.

Mit Troels - sowieso nicht. Jakob hatte bei dem Gedanken, in dasselbe Mädchen verliebt zu sein wie sein bester Freund, ein schlechtes Gewissen. Und dann mit ihm darüber reden?

Hajo - auch nicht. Zum einen war der Deutsche nach wie vor doch ein fast Fremder, und dann mit ihm auch noch über dessen Verflossene diskutieren?

Und Hermann? Der vielleicht. Oder - nein doch nicht. Zweifellos brachte der Alte für eine Menge Kleinigkeiten des Lebens viel Verständnis auf. Aber väterliche Regungen - auch wenn sie nicht so gemeint sein mochten - waren ihm zuwider. Hm, er brauchte auch kein Verständnis. Es musste nur alles raus. Mehr nicht. Und dafür gab es sicherlich in dem Moment niemand geeigneteren als seinen Gegenüber.

»Danke, Markus.«

Einen Zeitlang saßen sie sich stumm gegenüber. Jakobs Blicke fielen nach draußen, durcheilten den Gastraum, trafen die weißgetünchten Wände ohne weitere Einzelheiten aufzunehmen, entschwanden wieder nach draußen.

»Aber wir können ja ein Stück gemeinsam fahren.«

»Klar,« antwortete Markus und griff ins Futteral seiner Jacke. Er zog eine abgegriffene Straßenkarte heraus.

»Bis Argos haben wir den gleichen Weg. Aber ohne Hast, klar?«

»Klar.« Jakob lachte. Das erste Mal seit einigen Tagen ein befreites Lachen.

Bald rollten sie nebeneinander auf der Straße nach Süden. Das Links und Rechts neben dem Vorn war wieder da. Sanft schwanken die Linien der Hügel neben der Straße. Zwischen dem Olivgrün grashoher Pflanzen schimmerte das Gelb des sandigen Bodens durch. Die gelben Flächen bebauter Felder und dunkelgrüne Sträucher lockerten das Bild auf. Die Sonne brannte ungehindert auf die Erde.

Mykene war nah. Sie bogen von der Hauptstraße ab. Zwei Stunden schlenderten sie zwischen Fundamentresten des gewesenen Palastes umher. Zwar waren viele Touristen mit Bussen herangekarrt worden, doch verloren die Menschen sich wohltuend in der Weite der Hügellandschaft.

»Den Wind haben die Götter geschickt.« Markus reckte seine Nase demonstrativ in die Höhe, dem Luftzug entgegen, als sie den Besuch beendet hatten.

»Jetzt wird's aber Zeit, einen Neger abzuseilen.«

»Wie bitte?« Jakob schaute ihn verdutzt an.

»Einen ...« Markus sprach nicht weiter. Er lachte. Ohne seinen Erklärungsversuch zu beenden ging er zum Motorrad, kramte eine Rolle Toilettenpapier aus der Packtasche hervor und verschwand hinter einem Busch.

Wenige Minuten später war er wieder zurück. Etwas Wasser aus der Feldflasche, Trocknen mit dem Halstuch - die Hände waren gewaschen. Aus seinem Tankrucksack holte er zwei riesige Tomaten und eine Stange Brot hervor.

»Hier, iss!« Er reichte Jakob eine Tomate und brach das Brot. Im Schatten der Motorräder hockten sie sich auf die Erde und spachtelten los. Jakob fühlte sich wohl. Keine Hast, keine Aufregung. Einfach genüsslich unter Gottes Sonne sitzen und das Leben lieben.

»Die besten Tomaten meines Lebens!«

»Gut, nicht? Ich habe es mir hier in diesem Land abgewöhnt, regelmäßig etwas Warmes zu essen. Ein Stück Weißbrot, einige dieser Wahnsinnstomaten. Das reicht. Etwas Köstlicheres kann ich mir schwerlich vorstellen.«

»Hm.« Jakob nickte zustimmend.

Gemeinsam bauten sie am Abend ihre Zelte auf. Sie waren auf einem Campingplatz nahe Tolon. Nafplion lag im Norden, eine halbe Stunde hinter ihnen. Und Epidauros im Osten, eine volle Stunde hinter ihnen.

Gerolimin

Das Haus lag unweit des kleinen Hafens. Weiß getüncht, wie manche andere Häuser am Platz, wenn auch stark verwittert, wirkte das Hotel - war es überhaupt eine Herberge? - klotziger als die umliegenden Gebäude. Doch war es nicht groß und schon gar nicht in irgendeiner Form vornehm. Einfach und schlicht, fast primitiv waren seine Linien. Die recht großen Fenster boten den Gästen einen guten Blick auf das aufgewühlte Wasser der Bucht.

Der Hafen lag geschützt. Nach Norden begrenzten hohe, in west-östlicher Richtung verlaufende Felshänge das Meer. Ein flacher, doch höchst steiniger Küstenstreifen führte von dem Dorf in südwestliche Richtung. Am südlichen Ende der Ortschaft, dort wo der Küstenstreifen begann, presste sich der VW-Bus dicht an eine Hauswand - nur wenige Schritte von dem Hotel entfernt.

»Schwer zu sagen, wo wir ihn überholt haben. Und schwer zu sagen, ob er überhaupt diesen Weg nahm.« Hajo schaute durch eines der großen Fenster des Hotels auf die Bucht. Hermann schenkte sich Retsina nach.

»Oder er war schon hier ...«

»Ach Hermann, wir sind zwar langsamer als er - aber mal auf die Schnelle Griechenland zu durchqueren, um im nächsten Augenblick sein Ziel wieder zu verlassen ...?!«

Hermann zuckte die Schultern. Er griff sein Glas und genehmigte sich zum wiederholten Male einen kräftigen Schluck.

»Schmucklos ist für diesen Raum ja absolut kein Ausdruck.« Er schaute sich um. »Einzige Zierde an den Wänden sind die Fenster.« Die weiße Farbe des Mauerwerks prägte eine ausgesprochen eintönig traurige Atmosphäre, ungewöhnlich für Weiß. Wohltuend die dunkel, meist schwarz gekleideten Gestalten an den Tischen. Die Männer trugen in der Mehrzahl Schirmmützen. Auch hier im Raum setzten sie sie nicht ab. Ihre unrasierten Gesichter wirkten von Wind und Salzwasser zerfurcht und gegerbt. Ihre rauen Stimmen hallten in dem kahlen Raum. Die Männer wirkten wie eine Familie. Eine eng miteinander verschweißte Gemeinschaft.

Die Tische, einfachste eckige Holztische, boten den einzelnen Gruppen Platz. Bis auf einen waren alle Tische am Rande des Raumes besetzt, alle Tische in der Raummitte waren leer - bis auf den, an dem Hajo und Hermann saßen. Ihnen am nächsten hockten vier Einheimische, drei kräftig gebaute Fischer um die Vierzig, der vierte hager und klein von Statur, vielleicht sechzig, vielleicht siebzig Jahre alt. Sie scherzten laut miteinander, sprachen mit rauen Stimmen, lachten. Einer der jüngeren schaute den Alten verschmitzt an und sagte ein oder zwei Sätze. Der Tonfall und die Reaktion der anderen deuteten darauf hin, dass der Mann den Alten auf den Arm nahm. Der Angesprochene öffnete den Mund zu einem herzlichen Lachen, seine Augen schmolzen zu kleinen Schlitzen. Seine zwei verbliebenen Zähne zeigend ließ er seinen Kopf in Nickbewegungen wippen. Ein anderer machte einen Trinkspruch. Die Männer hoben ihre Gläser - bis auf den Alten. Statt seiner nahm sein Nachbar das Glas und führte es an Mund des Alten. Hermann schaute auf die Hände des Alten. - Er hatte keine! Die Armstümpfe waren in sauberes weißes Tuch gehüllt. Bisher war Hermann diese Behinderung nicht aufgefallen. Nichts hatte darauf hingedeutet.

Auf eine Aufforderung des Alten hin nahm sein Nachbar ihm die Mütze vom Kopf und fingerte eine Schachtel Zigaretten darunter hervor. Er steckte dem Alten eine der filterlosen Stängel in den Mund und gab ihm Feuer. Nach jedem Zug nahm er ihm andererseits die Zigarette wieder aus dem Mund.

»Werden wir wohl lange warten müssen? Wir sind zwar erst heute angekommen, aber dieses Warten und Nichtwissen macht mich wuschig!« Hajo nippte an seinem Glas. »Und wer taucht zuerst auf? Christine, Troels oder Jakob? Nachdem wir Jakob in Istanbul allein gesehen haben, habe ich - ohne dass ich eine

Ahnung habe, was Sache ist - das bestimmte Gefühl, dass die drei nicht gemeinsam kommen? Aber warum nicht?«

Wieder zuckte Hermann nur mit den Schultern. Er hatte keine Antwort. Nur so eine Ahnung. Eine Überlegung bahnte sich ihren Weg durch seinen Kopf. Wenn das sich als wahr herausstellen sollte ...

»Hajo, welchen Eindruck hattest du von Troels?«

»Hm ... ein Schönling, so zum Reinbeißen«, brummte der Junge.

»Na komm, hab dich nicht so! Lass mal das, was passiert ist, Schnee von gestern sein! Schnee, der wohl fallen musste, oder?« Hermann sah seinen Gefährten mit seinem dem jungen Mann mittlerweile so vertrauten väterlichen Blick an. »Nach unseren letzten Gesprächen und vor allem deinen Reaktionen glaubte ich eigentlich, dass das Ende eurer engen Beziehung für dich gegessen sei.«

»Jooo«, brummte Hajo gedehnt. Der Harzwein schien doch noch einige unterbewusste, vergrabenen Regungen freigelegt zu haben. »Aber was hat dieser ...«

»Hajo ...!«, ermahnte ihn der Alte.

»Jaaa, ist ja schon gut.«

Beide tranken einen Schluck.

»Also - welchen Eindruck?«

»Nett, zugegeben. Aber - na ja. Halt nur nett. Und natürlich von blendendem Aussehen.« Sein Tonfall war nach wie vor bissig und ironisch. »Ich konnte ihn ... irgendwie nicht greifen. In den wenigen gemeinsamen Gesprächen lieferte er mir nicht den geringsten auch nur halbwegs tiefergehenden Einblick in sein Inneres. Da war nichts.«

»Nichts?«

»Nö, nichts!« Seine Stimme klang nun trotzig, kindlich trotzig.

Hermann lächelte und zuckte wieder mit den Schultern. Aus der Literflasche, die auf dem Tisch stand, schenkte er sich Retsina nach.

»Meinst du, das reicht, um Christines Herz zu erobern?«

»Nein.« Die Antwort war knapp und entschieden betont.

»Also muss da noch etwas anderes mitgespielt haben, oder? Aber was? Ich habe keine Idee.« Das war schon frech von dem Alten. Eine Idee hatte er sehr wohl. Was diese Fragestellung anging sogar mehr als eine Idee. Was noch mitgespielt hatte, wusste er genau. So gut hatte er das Mädchen mittlerweile kennengelernt. Er wollte es aber von Hajo hören. Vielleicht würde dieser dann diese weitere Eigenschaft von Troels eher als grundsätzlich notwendig für ein Zusammensein mit Chris akzeptierten. Nicht um Troels besser zu verstehen, sondern Christine. Und vielleicht sich selbst. Hermann glaubte fest, dass der junge Mann dieses weitere Etwas sehr genau und bewusst kannte. Hajo weigerte sich einfach, es zuzugeben. Bisher zumindest.

»Der Typ ...«

»Hajo ...!«

»Jaaa ... also Troels ist ein Spinn... ein Traumtänzer. Flirten und im Mondschein spazieren gehen. Ein Blender! Als wäre das das Leben. Bisher war meine abgeklärte Handlungsweise für Christine ...«

»Jetzt übertreibst du aber!«, unterbrach ihn Hermann.

Hajo grinste. Offensichtlich war seine zornige Haltung wenigstens in Teilen ein Resultat gewisser schauspielerischer Fähigkeiten.

»Chris hatte mich schließlich doch auch deswegen gemocht, weil ich Situationen wohlüberlegt und nüchtern abschätzen und angehen kann.«

»Das hört sich schon besser an.«

»Ich habe ihr doch immer zeigen können, in welche Richtung es - ungefähr zumindest - geht. Und so von heute auf morgen ...«

»Und Chris? Hat sie dir nie die Richtung gezeigt?«

»Nein ... ich glaube nicht.« Die Antwort war zögernd gekommen.

»Wirklich nicht?«

Hermann blickte scharf. Hajo schwieg.

»Seid ihr nie im Mondschein spazieren gegangen?«

»Nein.«

»Und Christine wollte auch nie?«

»Doch. Sie wollte schon. Aber was bringt das denn?«

»Hast du es denn nie ausprobiert. So richtig aus vollem Herzen ausgelebt?«

»Nein. Ich habe es nie gebraucht ...«

»Entschuldige, dass ich dich unterbreche! Du hast dich nie getraut.«

Hajo sah ihn mit großen Augen an. Eine so direkte Zurechtweisung hatte er nicht erwartet.

»Jetzt hör mal! Ich bin nun 'mal kein Romantiker. Troels, ja, der ist einer. Das Paradebeispiel eines Romantikers. Und Chris lässt sich davon umhauen.«

Hermann lächelte. Genüsslich nahm er einen Schluck aus seinem Glas. Er hatte von dem Jungen das gehört, was er aus dessen Munde hören wollte. Für das Mädchen war Romantik immer wichtig gewesen - und Hajo hatte diese Regung wie einen Nebenbuhler gefürchtet. ›Du junger Narr!‹, dachte Hermann. Seine Gedanken schweiften wieder weit zurück.

»Ist dir nie der Gedanke gekommen, dass auch sie dir damit eine Richtung, eine notwendige Richtung wies?«

Hajo schwieg.

»Na, lass uns den Punkt jetzt nicht weiter diskutieren. Ich glaube, die Zeit wird in dieser Diskussion meinen Part übernehmen.«

Hajo verstand ihn wohl nicht so recht, doch er schwieg weiter. Der Denkprozess, von Hermann angestoßen, war ins Rollen gekommen.

Hermann schaute sich wieder den Raum und die Gäste an. Die einfache, schmucklose Theke beherbergte einen Glaskasten mit diversen Fischen als Auslage. Hermann stand auf und ging zu diesem Kasten. Der Duft zubereiteter Speisen passte zu sehr zu dem Bild der ausgelegten Fische. Eigentlich hatten sie, er und Hajo, ja ausgemacht, heute Abend am Bus zu kochen, aber jetzt ... Und teuer war's ja nicht, weiß Gott nicht.

„Hajo, sollen wir uns nicht hier etwas zu essen bestellen?"

Der junge Mann schien sich ebenfalls seit gewisser Zeit mit dieser Frage zu beschäftigen. Er nickte erfreut. Gemeinsam durften sie in die Töpfe hinter der Theke schauen. Was das für eine Sorte Fisch war, blieb unklar, aber der Geruch lockte in der Nase. Beide bestellten sich das Gleiche.

Während des Essens geisterte Hermann wieder seine Überlegung von vorhin im Kopf herum. Das Gespräch mit Hajo passte nur zu gut dazu. Mehr als ihm bisher aufgefallen war. Er kaute gedankenverloren auf einem Stück Tomate. ›Blendendes Aussehen‹. ›Ein Blender‹. Hajo hatte mehr Wahrheiten gesagt, als Hermann bisher aufgegangen war. Wenn das stimmte ...! - Reine Spekulation. Hermann wollte nicht über irgendeine vage Annahme diskutieren.

Schweigend aß er weiter.

Mistras

Der Schotter auf dem Randstreifen knirschte. Markus stellte den Motor ab. Der Wind war frischer als unten in Meeresnähe. An diesem wolkenlosen Sonnentag willkommen und wohltuend. Markus legte Helm und Handschuhe ab. Er genoss die Ruhe. Aber die würde wohl nicht lange anhalten. In der Ferne sah er einen Laster die Serpentinen herauf kriechen. Vier oder fünf Personenwagen folgten. Überhaupt schien die Ruhe mehr zufällig zu sein. Die Straße diente sicherlich dem Fernverkehr: gut ausgebaut, auffallender Reifenabrieb auf dem Belag, die Verbindung von Athen zum Süden des Peloponnes.

Hinter der bergansteigenden Blechkarawane, vielleicht zehn Kilometer weiter westlich, sah er das Meer, den Golf von Argos. Dunst über dem Wasser erschwerte den Blick auf die gegenüberliegende Küste. Gut zu erkennen waren lediglich einige flache, sich dunkel abzeichnende Berg- und Hügelrücken. Das musste die Gegend um Nafplion sein. Dort irgendwo war er am Morgen gemeinsam mit dem Dänen, den er gestern kennengelernt hatte, aufgebrochen.

Der Tag war noch nicht alt. So musste Markus die Augenlider zusammendrücken, um gegen das Licht besser erkennen zu können. Sich nach links drehend konnte er die Augen weiter öffnen. Diese langsamen Bewegungen in der Morgensonne, die Wärme nun im Rücken ... Markus räkelte sich in diesem genüsslichen Gefühl, das ihm aus der heimatlichen Badewanne mehr als vertraut war.

Vor ihm, nach Norden, breitete sich ein flaches Tal von Ost nach West aus. Die Hänge auf der anderen Seite boten den vertrauten Anblick: Braun mit grünen Tupfern. Letzteres waren sicherlich Sträucher so wie die ein paar Meter weiter. Aber das Braun? Vielleicht steiniger oder sandiger Grund, vielleicht trockenes Gras.

Das Motorrad war direkt neben einem Altarhäuschen am Straßenrand abgestellt. Markus hatte auf seiner Fahrt viele dieser Häuschen gesehen, alle direkt neben der Straße, vorwiegend in Kurven. Er schaute sich dieses genauer an. Es stand mit seinem Tragegestell auf einer in den Grasboden eingelassenen, quadratischen Betonplatte, in die das Datum ›11-4-79‹ eingeritzt war. Das

Eisengestell in der Größe eines Nachttisches: vier Stangen als Beine, dazwischen stabilisierende Querstreben. Auffallend die Stützverbindung in der Front: ein weißes Kreuz gebildet aus vier stilisierten Blättern. Der Rest des Gestells war grün. Das Häuschen selbst war aus weißem Marmor gebaut. Ein hoher Mittelteil mit zwei halbhohen, symmetrisch angeordneten Anbauten links und rechts. Waren die Anbauten durch ein Flachdach abgedeckt, bestand das Dach des Hauptteils aus drei aufeinanderliegenden Steinplatten, jede quadratisch - wie dieser Teil des Häuschens selbst -, aber nach oben kleiner werdend und somit eine Dachpyramide andeutend. Ein viertes, noch kleineres Quadrat bildete senkrecht, auf einer Ecke mit der Fläche nach vorn stehend den krönenden Abschluss. Bogentürchen machten das Innere ›zugänglich‹. Ein großes in der Mitte der Front, in der Höhe den Anbauten gleich, kleinere in der Front und den Seiten der Anbauten.

Markus linste hinein. Eine leere Coca-Cola-Flasche, ein paar Münzen, kein Schmuck. Er hatte keine Ahnung, wofür oder warum dieser oder die anderen Altäre an der Straße standen. Es war ihm auch egal.

Aus dem Tankrucksack zog er ein halbes Weißbrot und fingerte eine große Tomate hervor. Das Altargestell als Rückenlehne benutzend setzte er sich auf den warmen Boden, die Beine weit von sich gestreckt.

Das Brummen klang an sein Ohr. Irgendwo hinter der Biegung kam der Laster herangeschlichen. Markus wusste aus Erfahrung, dass man bei diesen Geländeformationen und diesem Straßenverlauf das Motorengeräusch eines herannahenden Fahrzeuges erst sehr spät zu hören war. Tatsächlich nahm das Geräusch gemessen an dem erwarteten Schneckentempo des Lasters sehr schnell an Stärke zu. Begleitet von tiefdunklen Abgaswolken tauchte der Schlepper in der Kurve auf. Hinter dem riesiger Lenkrad rutschte ein kleiner Fahrer hin und her. Die Zigarette im Mundwinkel lachte er den Motorradfahrer an. Laut und dumpf dröhnte die Hupe. Markus hob die Hand mit der Tomate, streckte den Zeigefinger und grüßte mit einer angedeuteten Winkbewegung zurück.

Gezwungen geduldig folgten die Menschen in den Personenwagen. Hier und da grüßte auch einer von ihnen. Dann waren sie alle wieder hinter der nächsten Biegung verschwunden. Das blubbernde Brummen verebbte. Ruhe kehrte wieder ein.

Markus stand auf, holte die Feldflasche vom Motorrad und setzte sich wieder an denselben Platz. Mit zwei kräftigen Schlucken Wasser beendete er sein Mahl.

›Ein komischer Typ‹, dachte er und meinte damit Jakob. ›Statt dieses wunderbare Land zu genießen, seine Menschen kennenzulernen und sich dabei einen Dreck um Menschen aus seinem gewohnten Lebensraum zu kümmern, rennt er an allem und jedem hier blind vorbei und hängt sich an alltäglichen Gefühlen auf. Klar, ich kenne dieses Gefühl. Doch alles zu seiner Zeit!‹

Seine Augen tasteten zum wiederholten Male die Landschaft ab.

›Im Augenblick eine meiner Lieben‹, schoss es ihm durch den Kopf.

Er schloss die Augen und träumte vor sich hin.

Das Geräusch, das an sein Ohr klang, stammte nicht von einem Lastwagen. Zweifellos, ein Motorrad fuhr bergan auf die Kurve zu. ›Viertakter‹, stellte Markus sachkundig fest. ›Jakob? Nein, so klingt keine Gummikuh. Wohl eher eine Einzylindermaschine. Werde es ja gleich sehen.‹

Er öffnete die Augen und wandte seinen Kopf in die Richtung, aus der das Geräusch kam. Ein eingeschalteter Scheinwerfer tauchte in der Biegung auf. Das Licht und Markus' tiefe Sitzposition verhinderten, dass er mehr erkennen konnte. Leise quietschende Bremsen hielten das sowieso nicht sehr schnell gewesene Motorrad knappe siebzig Meter vor Markus an. Der Fahrer schaute herüber. Wenige Sekunden später setzte er seine Fahrt fort. Grüßend fuhr er an Markus vorüber.

»Hab' ich's denn heute nur mit Spinnern zu tun? Der hätte ja wenigstens einen Ton sagen können, wenn er schon anhält. Oder war ich ihm nicht hübsch genug? Verrückt, diese Dänen!«

Dänen! Das Motorrad trug ein DK-Zeichen. Ein Däne auf einer roten Enduro. Jakobs Freund? Ziemlich sicher. Denn so viele Dänen mit roten Enduros zur gleichen Zeit in derselben griechischen Gegend sollte es wohl nicht geben.

›Pech für meinen Begleiter von gestern. Wäre er statt an der Küste weiterzufahren mit mir durchs Landesinnere gefahren, hätte er ihn jetzt wohl gefunden. Was soll's?!‹ Markus schloss die Augen und träumte weiter.

Gegen Mittag brach er wieder auf. In Tripolis, der einzigen größeren Stadt im Landesinneren, wich er von seiner ursprünglich

geplanten Route ab. Statt weiter dem direkten Weg Richtung Kalamata zu folgen, entschloss er sich, nach Sparta zu fahren, der Stätte
einer der ältesten Kulturen des griechischen Raumes.

Eine Fahrt ohne Besonderheiten. Die Straße zog sich von
Pinien gesäumt durch ein weites, fruchtbares Tal. Wahrlich nicht
verwunderlich, dass sich hier eine blühende Kultur entwickeln
konnte.

Sparta. Welche Vorstellungen kamen einem bei diesem Namen
in den Sinn. Geschichten eines kriegerischen, stolzen Volkes, wie
es die Historie lehrt, verbunden mit Bildern alter Kolossalfilme aus
den Fünfziger Jahren. Markus versuchte, sich in dieser Gegend
wüste Schlachtszenen vorzustellen. Gelang ihm dies noch, so war
sein Bemühen, in der Stadt irgendwelche Hinweise auf antike Reste
zu finden, ohne Erfolg. Es war frustrierend: keine Ruinen, keine
Hinweisschilder, nicht einmal Tourismus, im Allgemeinen untrü-
gerisches Zeichen sichtbarer historischer Stätten. Einfach nichts.
Halt, doch! ›Mistras. Nie gehört.‹ Markus bog ab. Nach wenigen
Kilometern auf einer leicht ansteigenden Straße erreichte er einen
Parkplatz. Eine Handvoll Autos stand hier. Kein Rummel. Den
Hang hinauf verteilten sich zum Teil versteckt in hohe Büsche und
Bäume Reste alter Bauten. Einige waren erstaunlich gut erhalten,
schienen sogar bewohnt. Doch stammten diese Häuser höchstens
aus dem Mittelalter, keinesfalls aus der Antike. Aus groben,
braunen Felssteinen gemauert standen dort Wohnhäuser, Kirchen,
Mauern und sonstige Befestigungsanlagen. Auf der Spitze des
Berges überragte eine gewaltige Festung die Szenerie, die verfallene
Frankenburg des Villehardouin.

»Hm.« Markus überlegte, ob er hinaufsteigen sollte. Da unterbrach ein roter Punkt in seinem Gesichtsfeld seine Gedankengänge.
Eine rote Enduro. Der zugehörige Fahrer stand unweit daneben.

›Vielleicht will er auch da hinauf? Dann habe ich Gesellschaft.
Mal schauen.‹

Markus stiefelte auf den Dänen zu.

»Hallo!«

»Hallo!« kam die Antwort.

»Sprichst du deutsch?«

»Joo.«

»Willst du auch da hinauf?«

»Nein. Ich war gerade in dem Gelände.«

»Und? Lohnt es sich?«

»Nein«, kam die knappe Antwort. Nach einem Augenblick fügte der Däne hinzu: »Ich weiß es nicht.«

»Wieso?«

»Mich interessieren Altertümer eigentlich nicht so sehr. Im Moment zumindest nicht.«

Markus' fragender und unverständiger Blick nötigten ihn, zu erklären: »Ich habe hier lediglich jemanden gesucht.«

Markus dachte sofort an Jakob. Und ihm fiel die kurze Begegnung mit seinem Gegenüber vom Vormittag ein. Hatte er sich heute morgen über die Reaktion des Dänen nur gewundert, so machte sie ihn jetzt stutzig. Zurückhaltend fragte er:

»Wen? Vielleicht habe ich ihn irgendwo getroffen oder kann dir sonstwie helfen?«

»Nein.« Die Antwort schoss schroff hervor. Markus wollte zunächst noch einmal nachhaken, doch des Dänen kalter Blick hielt ihn davon ab. Markus schwieg.

Der Däne brach als erster die Ruhe.

»Ich heiße Troels. Und du?«

»Markus.« Ihm war der Name des Dänen durch Jakobs Erzählung so selbstverständlich bekannt geworden, dass er an eine Vorstellung gar nicht gedacht hatte.

»Nun, wen du auch immer suchst, bist du dir denn sicher, dass er in dieser Gegend ist?«

Troels zuckte die Achseln.

»Du bist also nicht allein nach Griechenland gekommen?«

Troels schaute ihn leicht verwirrt an.

»Nein.«

Knappe Antwort. Markus musste ihm aber auch alles aus der Nase ziehen.

»Mit einem Freund?«

»Hm.«

»Und jetzt suchst du ihn?«

Wieder der verwirrte Blick.

»Nein. Ich suche jemanden anderen.«

»Ist dein Freund auch in der Nähe?«

»Nein. Mein Freund und ich haben uns vor einigen Tagen getrennt. Er wollte gern einige Tage allein sein, und ich auch.«

Das passte nun absolut nicht zu dem, was Jakob erzählt hatte. Aber was hier auch nicht stimmte, es war nicht Markus' Bier.

»Und wohin fährst du nun?«

»Ich weiß es noch nicht. Mal sehen.«

Trotz seiner missmutigen Antworten wirkte Troels nicht irgendwie ruppig. Im Gegenteil. Seine Augen zeigten Traurigkeit, seine ganze Erscheinung drückte Hilflosigkeit aus.

»Jedenfalls mache ich mich jetzt auf den Weg.«

Sie verabschiedeten sich. Markus stieg den Hang hinan. Bevor er zwischen den Büschen verschwand, schaute er sich noch einmal um. Die rote Enduro zog eine Staubfahne hinter sich her.

Nacht im Sturm

Am Morgen des nächsten Tages frühstückten Hajo und Hermann vor dem Bus. Unweit der örtlichen Polizeistation saßen sie in dem wärmenden Schein der Sonne. Kaffee dampfte auf dem schwach eingestellten Kocher. An die Tür des Busses gelehnt reckte Hajo die Nase in das Licht.

»Hier lässt es sich aushalten.«

»Möchtest du noch einen Schluck?«

»Ja, danke.« Hajo öffnete die Augen und ließ den Kopf nach vorn nicken. Er beugte sich vor, griff seine Tasse und hielt sie Hermann hin.

»Danke, das reicht.«

Hajo lehnte den Kopf wieder zurück und schloss die Augen genüsslich.

»Die Sonne verabschiedet mich abends und weckt mich am nächsten Tag wieder. Hell, ruhig, warm ... Tag für Tag. Mutter Sonne!«

Er öffnet die Augen einen Spalt und blinzelte gegen die Sonne in die Landschaft. Schräg links gegenüber stand die Polizeistation, rechts führte die Straße in die mit Gras besetzte Steinküste. Von dort dröhnte das Brechen der Wellen an Felsen herüber.

»Feuer und Wasser! Unbändige Gewalten! Gerade die wildesten Kräfte strahlen die größte Ruhe aus, wenn sie friedliche Monotonie verbreiten.«

»Genau. Schau *mich* an, Hajo«, grinste Hermann und tat einen kräftigen Schluck.

Hajos Blick folgte dem Schotterweg. Parallel zur Küste führte er nach Süden, eingesäumt von hellen Mauern aus lose aufgestapelten, unbearbeiteten Steinen. Beidseits des Weges unterteilten ebensolche Mauern die steinigen Grasflächen in kleine Parzellen und boten so dem Land einen kargen Windschutz. Die sanft geschwungenen Hügel weiter landeinwärts erinnerten Hajo frappierend an Landschaftsbilder aus Schottland, das er zwei Jahre zuvor besucht hatte. Weiße Häuser formten auf der Flanke eines Hügels ein Dorf.

»Wovon die da oben wohl leben?«, fragte Hajo versonnen.

»Wie bitte?«

»Ach, nichts«, antwortete er laut. Und fiel wieder in einen Döszustand. »War nicht so wichtig.«

Nach dem Frühstück stiefelten die beiden gemeinsam auf dem Weg aus dem Dorf. Konnte Hermann die letzten Tage auch problemlos gehen, jetzt fiel es ihm wieder schwer. »Hier hat man mir eine Menge Steine in den Weg gelegt.« Jeder einzelne Brocken hinderte ihn an einem festen Stand, und ein Ungleichgewicht konnte Hermann nicht so elegant und flink ausbalancieren wie Hajo. Jedes Umknicken eines Fußes, den er auf eine Steinkante setzte, brachte ihn an den Rand eines Sturzes.

»Lass uns nicht mehr zu weit gehen!«

»Ist schon in Ordnung. Es scheint hier doch nicht so sehr interessant zu werden. Zumindest nicht interessanter als auf dem ersten Wegstück.« Hajo blieb stehen und drehte sich nach rechts zum Meer. »Wir können uns ja drüben ans Wasser setzen.«

Hermann nickte. Durch ein Loch in der Mauer stiegen die beiden ins Innere der Parzelle, die bis an die sich brechende Wellen reichte. Zwei, drei Meter waren sie durchs karge Gras gestapft, als -

»Das ist Jakob!«, brüllte Hajo, der den Kopf sofort herumgerissen hatte, als er das Hupen der Doppelfanfare gehört hatte.

»Hei!«, schrie Hajo und winkte wild mit den Armen. Langsam rollte das Motorrad über die Steine. Das Motorrasseln hallte in der durch die Mauern gebildeten flachen Gasse. Jakob stellte die Maschine ab und stieg von der BMW. Lächelnd, doch ohne ein Wort zu sagen, grüßte er die Deutschen durch Heben beider Arme und ›dezentes‹ Winken. Hermann spürte die herzliche Freude, die von dem jungen Dänen ausstrahlte. Auch Hajo hatte den Rest seiner Distanz gegenüber Jakob schlicht vergessen. Seine Freude sprühte vor Herzlichkeit, als er auf den Ankömmling zusprang. Johlend schlug er Jakob auf die Schulter, puffte ihm in die Rippen. Der Däne boxte leicht zurück.

»Mein Freund ...«

Herzlich reichen sie sich die Hand. Dann kam Jakob endlich dazu, den Helm abzusetzen. Und endlich konnte er Hermann, der noch immer hinter der Mauer stand, begrüßen. Der alte Mann tätschelte zärtlich Jakobs Kopf, strich ihm durchs Haar und zog den Kopf des Dänen durch einen kräftigen Griff in dessen Nacken leicht zu sich herüber.

»Guter Junge«, murmelte Hermann in sonorem Ton. Jakob verstand die Worte nicht und verstand ihn doch.

Nebeneinander saßen sie auf der Mauer.

Der Platz, an dem der Bus stand, bot nicht viel Platz. Ein Zelt zusätzlich zum Fahrzeug? Unmöglich. So beschloss Jakob, in einer der Parzellen zu campieren. Es war zwar nicht einfach, das Motorrad durch eine kleine Lücke in der Mauer zu jonglieren, doch es klappte schadlos.

Später, nachdem die drei Jakobs Zelt aufgebaut und sein Gepäck abgeschnallt und ausgepackt hatten, begaben sie sich in den Bus zum Kaffee.

»Was zum Teufel hast du in Istanbul gemacht? Das warst du doch, oder?«

»Ja.« Jakob nickte.

»Mann! Ich habe es Hermann nicht so recht abgenommen. Ist ja verrückt! Und was war?«

»Ich suchte Christine.«

»Hatten wir uns schon gedacht, dass du die beiden suchst. Aber wieso?«

»Halt, nicht beide! Nur Christine. Dass Troels nicht in Istanbul war, wusste ich. Nun, genau gesagt, suchte ich nicht nur Christine, sondern sie oder euch. Ich nahm an, dass sie euch nachgefahren war.«

»Nachgefahren?«

»Ja. Hätte ja gut ...«

»Stopp! Stopp! So sehe ich bestimmt nicht klarer. Erzähl mal von Anfang an. Und außerdem werde ich das zwischendurch Hermann übersetzen.«

»Klar. Also, am Tage nachdem wir uns in Thessaloniki getrennt hatten, war Christine nicht mehr da. Sie war wohl irgendwann in den frühen Morgenstunden aufgestanden und hatte ihre Sachen gepackt. Als Troels wach wurde, war Chris mit all ihren Sachen verschwunden. Er weckte mich. Ob ich etwas gehört hätte. Hatte ich nicht. Wir überlegten, wo sie sein könnte.0171

»Ihr ist doch nichts passiert? Dass sie verschleppt wurde?«

»Ach was! Das hätten wir ja doch gemerkt. Nein, sie ist sicher aus freien Stücken gegangen.«

Hajo übersetzte das Erzählte. Hermann hörte ohne besondere Regung zu.

»Und dann?«, forderte er Jakob zum Weiterreden auf.

»Beim Kaffee überlegten wir, warum sie denn gegangen sein könnte. Wir diskutierten hin und her. Ein rechter Grund wollte uns nicht einfallen. Einzig, dass sie es sich vielleicht doch anders überlegt hätte und versuchte, euch zu folgen, schien mir plausibel. Das hieß, dass sie sich allein auf den Weg nach Istanbul machte. Und da bekam ich größte Sorgen. Allein, eine junge Frau, in dieser Gegend, wahrscheinlich sogar trampend. Da war es für mich klar, ihr zu folgen.«

»Troels war anderer Meinung?«

»Nein, eigentlich nicht. Du fragst, weil er nicht dabei war?«

»Ja. Aber was heißt ›eigentlich‹?«

»Das hat keine Bedeutung. Er schien zwar nicht so sehr meiner Meinung zu sein, hatte aber auch keine schlauere Idee. Allerdings konnten wir auch nicht sicher sein, dass diese Vermutung zutraf. Es war ja auch möglich, dass Chris aus irgendeinem anderen Grund verschwunden war und sich somit vielleicht noch in jener Gegend aufhielt. Deshalb und weil ich mit meiner Maschine allein erheblich schneller vorankomme, fuhr ich ohne Troels. Er wollte derweil in der Gegend um Thessaloniki suchen.«

Wieder übersetzte Hajo. Und wieder hörte der Alte schweigend zu. Doch sein Blick schien, als wüsste er den weiteren Verlauf der Erzählung.

»Du scheinst wirklich wie ein Henker gefahren zu sein. ... am Tag nach der Trennung losgefahren und fast gleichzeitig mit uns in Istanbul ...« Hajo schüttelte den Kopf.

»Aber ... du bist so schnell, so verdammt schnell wieder verschwunden! Hm, ich wusste die zwei Tage lang nicht, ob ich Hermann glauben sollte oder nicht. Bis ich dich an unserem Campingplatz vorbei die Stadt verlassen sah. Nur einen Tag später! Warum so schnell?«

»Es gab keinen besonderen Grund. Ich hatte einfach nicht mehr Zeit. - Dachte ich zumindest. Um uns nicht auch noch aus den Augen zu verlieren, hatten Troels und ich vereinbart, uns vier Tage später wieder am gleichen Platz zu treffen.«

Hajo übersetzte. Hermann hörte es sich an und fragte: »Und Troels war nicht da?«, wobei dieser Satz weniger als Frage denn wie eine Feststellung ausgesprochen wurde. Hajo schaute einen Moment verwirrt. Dann gab er die Frage weiter.

Jakob nickte. »Ja.« Er nahm einen kräftigen Schluck Kaffee.

»Wie? Heißt das, dass du ihn überhaupt noch nicht wieder-getroffen hast?«

»So ist es.«

»Ja ... äh ... ja, weißt du, wo er ist, oder ...?«

»Nein, keine Idee. Als ich zum vereinbarten Treffpunkt kam, erfuhr ich, dass er bereits am nächsten Tag abgefahren war. - Mit einer Spur von Christine.«

»Was?!« Endlich machte Hajo seiner Erregung Luft. Bis zu diesem verhielt er sich äußerlich ruhiger, als sein Inneres es wollte. Sicher, die Vorahnung, dass irgendetwas Besonderes passiert war, hatte es einfachgemacht, die Nachricht von Christines Verschwin-den anzuhören. Dass Troels eine Spur von Chris hatte, war eigentlich in diesem Bericht nichts Besonderes. Es war vielmehr die innere Unruhe, die irgendeine besondere Gelegenheit brauchte, um endgültig auszubrechen. Hajo war aber sehr schnell wieder ruhig.

»An dem Morgen, an dem Troels fuhr, war auch Christine in der Nähe. Der Campingplatzwart erzählte es mir.«

»Sind sie zusammen gefahren?«

Jakob zuckte die Schultern. »Wohl nicht.«

»Dann weißt du also auch nicht, wann er kommt? Geschweige denn, wann Chris kommt?«

»Hm.« Jakob nickte.

Einer war nicht überrascht von dem, was er hörte: Hermann. Ihn regte es nicht auf, dass Christine fort war, und ihn regte es nicht auf, dass Troels nicht da war.

Der Tag verstrich. Ruhe am Meer. Wellen brachen sich. Drei Menschen ruhten sich aus.

Plötzlich stand er vor ihnen. Troels! Jakob sprang auf und stürmte auf ihn zu. Langsamer kam Hajo. Und Hermann? Er wirkte überrascht, sehr überrascht.

Überschwänglich begrüßte Jakob seinen Freund. Doch die Freude schien einseitig. Troels schaute müde, abgekämpft. Offensichtlich war er eine lange Wegesstrecke gefahren.

»Wo ist Christine?« Hermann stellte die Frage als erster. Nach wie vor strahlte die Überraschung aus seinen Augen.

»Ich weiß nicht.« Troels wandte sich ab. »Lasst mich erst das Motorrad holen! Ich habe es unten am Hafen stehen.«

Langsamen Schrittes begab er sich ins Dorf. Zehn Minuten später stand er samt Maschine wieder vor ihnen. Hatten Jakob, Hajo und Hermann geglaubt, er würde bei einem Kaffee über die letzten Tage berichten, so sahen sie sich getäuscht, kräftig getäuscht. Schweigend, die Tasse in der Hand, hockte er auf der Türschwelle des Busses. Müde starrte er ins Leere, mied möglichst jeden Blickkontakt mit einem der drei Gegenüber.

»Wo ist Christine?« Hermann fragte unruhig und ungeduldig. Noch bevor Troels darauf reagieren konnte, platzte Jakob in seiner Muttersprache los, korrigierte sich aber umgehend auf Englisch:

»Du wolltest erzählen, wo Christine ist. Du hattest sie doch gefunden, oder?«

»Nein.«

»Nicht?! Aber ihr müsst euch dann doch nur ganz knapp verpasst haben.«

»Verpasst?! Wieso? Wann überhaupt? - Wie kommst du überhaupt darauf?«

»Na, am Olymp. Auf dem Campingplatz. Am Tag nach unserer Trennung.«

Troels schaute wirr.

»Der Platzwart erzählte mir, dass Christine am nächsten Morgen auf dem Platz war. Ihr müsstet euch ziemlich sicher begegnet sein.«

Troels schluckte und wurde rot. »Mh-mh.« Er schüttelte den Kopf. Nachdem Hajo ihm den Wortwechsel übersetzt hatte, meldete Hermann sich wieder.

»Ihr habt euch also nicht getroffen?«

Troels schüttelte wieder den Kopf. Er schaute Hermann mit flehendem Blick an. Der Alte zögerte einen Augenblick, sah den Dänen scharf an, schluckte die nächste Frage hinunter. In seinem

Leben waren ihm Menschen, viele Menschen begegnet. Hermann konnte - weiß Gott - nicht behaupten, jeden Menschen und jede Regung zu durchschauen, doch sich auf sein Gefühl verlassen, wenn es darauf ankam, einen Menschen einzuschätzen, das konnte er von sich behaupten. Die Augen seines jungen Freundes sprachen Bände. Troels wollte, wenn überhaupt mit irgendjemandem, mit ihm sprechen. Jakobs Fragen bedrängten ihn, machten ihn hilflos, verleiteten ihn zur Lüge. Hermann wollte eine spätere Gelegenheit abwarten, um Troels in Ruhe zu befragen. Im Augenblick machte eine Fortsetzung des ›Verhörs‹ kaum Sinn.

»Und du hast gehofft, Christine hier zu finden?«

»Ja.« Troels war dankbar für diese Brücke, ohne dass er aber noch irgendeine Erklärung hinzuzufügen versuchte.

»Lasst uns einen Spaziergang machen oder uns ans Wasser setzen. Troels braucht sicherlich nach seiner Hetztour erst einmal eine Pause, oder?«

Troels nickte zufrieden und erleichtert.

Hajo hob manchmal an, eine Frage loszuwerden, doch Hermann würgte ihn mit einer Handbewegung ab. Leicht säuerlich schluckte Hajo den Ansatz hinunter, aber er gehorchte, warum auch immer. Als wolle er überschüssige Energie loswerden, griff er einen Stein und warf ihn versucht betont lässig Richtung Meer. Er stand wortlos auf und entfernte sich langsam in die Wurfrichtung.

Der Abend verstrich. Die letzten Strahlen der untergehenden Sonne brachen sich in dem weißen Schaum der Brandungswellen. Die Stimmung war friedlich. Und Hermann fand keine Gelegenheit, mit Troels ein trauliches Gespräch zu führen. Die Dänen schliefen draußen in der Parzelle.

Der Wind fing sich in dem Überhang des Zeltes. An dem Zeltstoff hin und her zerrend weckte er die Dänen mit lautem Getöse.

»Der Wind greift hier hinein, als sei das Zelt zu locker gespannt.« Jakob tastete die Dachschräge ab. »Was heißt schon ›als‹ - das Zelt ist zu locker. Das flattert hier vorn ja wie verrückt. Das ist hier los.«

»Dann mach's halt fest«, brummte Troels im Halbschlaf.

Jakob zog den Reißverschluss auf und streckte den Kopf hinaus. Die Landschaft bot ein friedliches Bild. Das hatte seine Ursache in dem sternenklaren Himmel. Mit Sturm hatte Jakob immer den Anblick wilder Wolkenbilder verbunden. Oder zumindest erwartete er ins Gesicht peitschenden Regen. Nein, nichts. Klare Luft und wolkenloser Himmel. Doch der Wind donnerte über das Land. Jakob kroch hinaus. Zu seiner Rechten hatte der Sturm bereits zwei Spanngummis zerfetzt. Da die lose Zeltecke nun ungehindert im Wind zerrte, war es nur eine Frage kürzester Zeit, wann das nächste Gummi in dieser Reihe reißen würde. Jakob fingerte aus dem Tankrucksack eine Rolle Bindfaden. Nur mit der Unterhose bekleidet hockte er vor dem Zelt und reparierte den Schaden. Angenehm warm tobte der Wind über den Rücken. Jakob blickte sich um. Der Horizont hinter ihm schien wie erleuchtet. Klar, das war kein Licht. Es war auch nicht so hell. Dennoch - wie erleuchtet. Ein schmales, nebliges Wolkenband hatte sich über den Schattenriss des nächsten Hügels gelegt. Hügel und Wolke - gemeinsam formten sie das Bild eines Ufos. Zumindest hatte Jakob sich ein fremdes Raumschiff in der Form so oder ähnlich immer vorgestellt. Er freute sich über dieses Naturschauspiel, ein Schauspiel nur für ihn.

»Troels! Der Himmel sieht aus wie gemalt. Ein verrücktes Bild! Komm' mal raus!«

»Ach lass mich in Ruhe!«, brummelte Troels und zog den Kopf tiefer in den Schlafsack.

Jakob erwiderte nichts. Noch eine Viertelstunde hockte er vor dem Zelt und genoss die Ruhe im Sturm.

Die Grotten von Dirou

Troels blieb unzugänglich. Wortkarg nahm er am gemeinsamen Frühstück teil. Jakob hatte wohl schon in der Nacht oder am frühen Morgen jeden Versuch aufgegeben, seinen Freund zu befriedigenden Erklärungen zu bewegen. Sowenig sie jetzt Worte wechselten, sowenig tauschten sie Blicke aus. Troels mühte sich, aufs Meer zu starren. Hätte er seine Ohren einklappen können, er hätte es sofort getan. Dies ließ er auch Hajo unverblümt spüren.

»Wie war deine Nacht?«

»Stürmisch.« Troels brummte die Antwort.

»Du hast also schlecht geschlafen?«

»Hm.«

»Bist 'te denn nun ausgeschlafen oder spürst 'te deine Fahrt noch in allen Knochen?« Hajos Frage klang ungeduldig.

»Nee.«

»...?!« Hajos Kinnlade fiel runter. Er schluckte, als er Troels mehr oder minder genüsslich seinen Kaffee schlürfen sah und hörte.

»Wenn du nicht mit mir reden willst, kannst du mir das auch direkt sagen, sowas verkrafte ich durchaus!«, schnauzte er den Dänen ungehalten an. Troels warf ihm nur einen Augenaufschlag hin. Das Gespräch war für ihn beendet - falls er es überhaupt begonnen hatte.

Hajo gab resigniert auf. Jetzt verstand er auch Jakobs Blick. Zwecklos!

»Noch einen Schluck Kaffee?"« Hermann hielt Troels die Kanne hin.

»Ja, danke.« Welch ein Unterschied im Ton. Hermann fand seine Annahme vom Vorabend bestätigt. Wenn überhaupt jemand jetzt mit dem Dänen reden konnte, dann nur er.

Als sie das Frühstück beendeten, war es noch früh am Tag. Vielleicht neun Uhr.

Sie mieden sich. Jakob und Hajo auf der einen, Troels auf der anderen Seite. Es knisterte. Die Luft war geladen. Und jeder wusste, dass sie heute besser nichts gemeinsam unternahmen.

»Können wir irgendetwas anderes machen als warten, Jakob?«, fragte Hajo.

»Ich glaube nicht. Entweder sie kommt, oder sie kommt nicht. Aber suchen können wir wohl kaum. Wo sollten wir suchen? Nur Troels könnte einen Hinweis geben, falls er überhaupt einen hat.«

»Hört mal, ihr beiden!« Hermann unterbrach ihr Gespräch. Er nutzte eine Gelegenheit, in der Troels nicht in der Nähe war. »Ich glaube, ich kann mit Troels reden. Aber nur allein. Könnt ihr heute etwas ohne ihn und mich unternehmen?«

»Können wir überhaupt etwas unternehmen? Etwas anderes tun als warten? Uns an die Polizei wenden?«

»Nein, Hajo. Ohne dass ich mit Troels gesprochen habe, können wir gar nichts anderes machen. Aber das heißt ja nun nicht, dass wir hier untätig wie gelähmt herumsitzen.«

Hajo zögerte einen Augenblick. Dann nickte er zustimmend. »Ich guck mal was mit Jakob aus.« Er wechselte einige Worte mit Jakob. Dann verschwanden sie im Bus.

»Wir fahren zu den Grotten von Dirou«, sagte Hajo, als sie wieder herauskamen. »Ich hoffe, du kannst ein ruhiges Gespräch mit Troels führen, Hermann. Fühl' ihm gut auf den Zahn.«

Jakob saß schon auf der BMW und ließ den Motor an. Hajo stieg auf. Sie fuhren los. Vor der nächsten Häuserecke winkte Hajo nochmal, dann waren sie verschwunden. Hermann schlurfte gemächlich zur Parzelle, in der Jakobs Zelt stand und wohin Troels sich nach dem Frühstück zurückgezogen hatte. Vorsichtig setzte er in der unwegsamen Wiese seine Schritte. Er folgte seinem Schatten. Obwohl noch reichlich Zeit bis zum Mittag war, projizierte die Sonne in seinem Rücken einen recht kurzen Körperumriss in die Wiese. Troels hockte auf einem großen, abgeflachten Felsbrocken am Wasserrand und stierte versonnen in die Ferne. Von Zeit zu Zeit griff er einen Stein und warf ihn mit einem kraftlosen Armschwung ins Meer, um im nächsten Augenblick schon wieder in seinen regungslosen Zustand zurück zu verfallen. Wortlos stieg Hermann den kleinen Höhenunterschied zu ihm herab und setzte sich genauso wortlos zu ihm.

*

Jakob stellte den Motor ab. Die frische Brise in der Bucht kämpfte erfolgreich und wohltuend gegen die Sonnenstrahlen an. Jakob und Hajo standen nicht allein auf dem Parkplatz. Eine Gruppe junger Engländer sowie zwei oder drei griechische Familien unterhielten sich nahe dem Eingangshäuschen. Sie alle mussten noch warten. Offensichtlich konnte man nicht einfach in die Grotte hinein stiefeln, wie es einem gerade passte.

»Also mit Führung. Das hatte ich mir etwas anders erhofft«, brummelte Hajo missmutig. Er blickte sich um. Der Parkplatz war auf halber Höhe zum Meer. Auf der anderen Seite der Bucht ragten schroffe Felswände aus dem Wasser. Ein großes Loch auf Wasserniveau deutete auf eine große Höhle hin. Ob's wirklich eine war, konnte Hajo nicht erkennen.

»Ob diese Grotte hier auch mit Meerwasser gefüllt ist?«

»Wir werden es ja sehen.«

Hajo schaute weiter.

»Hübsch, die Griechin.«

Mit einem Kopfnicken deutete er auf die Familien am Eingang. Jakob sah sofort, wer gemeint war. Hajo hatte Recht. Bei Hajos Bemerkung müßig zu erwähnen, dass das Mädchen eine exzellente Figur hatte. Das lange, schwarze, glitzernde Haar passte nur zu gut zu dem Erwartungsbild einer Südländerin. So fiel Jakobs Blick schnell auf ihr Gesicht. Körper passen nur zu gut in Klischeekategorien, Gesichter nie. Das Gesicht der Griechin strahlte Strenge aus. Die Züge der Wangen, der Nase, des Kinns, sie waren nicht rundlich, sondern geradlinige Konturen formten das Bild. Vielleicht war die Nase ein wenig groß für das mitteleuropäische Schönheitsideal, aber das störte den Eindruck überhaupt nicht. Im Gegenteil, es unterstrich die markanten Züge. Weich hoben sich dagegen die Lippen ab. Nein, nicht nur die Lippen - die Lippen und die makellose, sanft braune Haut. Die dunklen Augen überstrahlten alles. Sie waren ein wenig groß – doch genau das war es, was an dem Gesicht faszinierte. Diese Augen! Das Funkeln der Augen mit diesen schüchtern gesenkten Augenlidern. Sie schien noch recht jung zu sein. Irgendwo zwischen siebzehn und neunzehn an Jahren.

»Ich sehe was du meinst«, stimmte Jakob zu.

Die Besucher wurden eingelassen. Jakob und Hajo bezahlten und drängten dicht hinter den Griechen die Treppe hinunter unter die Erde. Die Luft wurde kühl und feucht. Die Stimmen und Schritte hallten in dem naturbelassenen Treppengewölbe. Auf der Sohle erwartete sie ein ebener Flecken Felsgestein am Rande eines kleinen unterirdischen Sees. Links lagen vertäut sechs oder sieben schmale, lange Holzkähne nebeneinander im Wasser. Zwei gleichartige Boote warteten auf die Besucher direkt am Rande des Ufers. Jeder dieser beiden Kähne hatte zwei Mann Besatzung. Die Engländer und einige Griechen stiegen in das erste Boot. Zwei Besucher je Sitzbank über die ganze Bootsbreite nebeneinander. Ein Bootsmann stehend im Bug, der andere ebenfalls stehend im Heck, beide ausgerüstet mit einer kurzen Holzstange statt eines Paddels. Mit kräftigen Stößen gegen den Uferfels drückten sie sich aufs ›offene‹ Wasser. Die weiteren Antriebsstöße platzierte der Mann im Heck gegen die Felswände seitlich oder gegen die Decke. Der zweite im Bug hielt mit seinem Stock den rechten Abstand zu den Felsen. Der Kahn verschwand in der Dunkelheit einer Biegung.

Der zweite Kahn lag zum Einstieg bereit. Durch geschickte Drängelei gelang es Hajo, direkt hinter der jungen Griechin den Kahn zu besteigen. Jakob folgte ihm auf den Fuß. Da saßen sie nun, Hajo und Jakob nebeneinander, direkt vor Jakob das Mädchen neben einem älteren Herrn, offenbar ihrem Vater. Ein Ruck ging durch das Boot, die Fahrt begann.

Das Plätschern der Bugwelle schlug von den Wänden zurück. Ansonsten hörte man kaum ein Geräusch. Wenn einer der Besucher überhaupt einmal ein Wort an seinen Nachbarn weitergab, so nur flüsternd, voller Ehrfurcht. Das spärliche Licht der elektrischen Beleuchtung gab den Blick auf die Tropfsteingebilde über und unter dem Wasserspiegel frei.

Nicht diese obskuren Formen und Gebilde begeisterten Hajo. Solche und andere kannte er aus Höhlen seiner Heimat, auch wenn er sie selten von Wasser bedeckt sah. Nein, es war auch nicht die hübsche Griechin schräg vor ihm; auch wenn sie, wie Hajo bald feststellte, von Zeit zu Zeit einen flüchtigen Blick über die Schulter nach hinten warf, um aber im nächsten Augenblick sofort wieder mit einer heftigen Kopfbewegung, die das Haar herumwirbelte, den Blick nach vorn zu richten.

Nein, diese Wahnsinnsfahrt war's! Die beiden Bootsführer hatten einen Heidenspaß, mit größtmöglichem Tempo durch die unterirdischen Gänge zu schiffen. Ja, sie kannten ihre Hausstrecke sehr gut. Jeder Griff, jede Position des Holzes saß. Nur ganz wenige, raue, knappe Kommandos, meist lachend hervorgebracht, wurde zwischen den beiden ausgetauscht. Laute, ernste Rufe galten nicht dem Partner, sondern den Fahrgästen. Der Heckmann brüllte sie in unverständlichem Englisch. Es war auch nicht wichtig, den Wortlaut zu verstehen. Es war immer klar, was gemeint war: Kopf einziehen!

An wenigen Stellen der Tour verlangsamten sie die Fahrt. In gebrochenem, etwas besser verständlichem Englisch als bei den Kommandos erklärte der Mann im Heck Besonderheiten des Gesteins. Der Mann im Bug sorgte dafür, dass das Boot in seiner Position blieb. Er war wohl von den beiden der Bootsjunge, sein Partner der Kapitän.

Dann sahen sie das erste Boot an einem Anlegeplatz. Die Passagiere stiegen in einem von dort ausgehenden, über dem Wasserspiegel liegenden Gang herum. Die zweite Truppe folgte ihrem Beispiel. Der ‚Kapitän' führte sie an. Während seiner Erklärungen wich

Hajo nicht aus der Nähe der Griechin. Und er hatte Erfolg damit. Ihre kurzen Blicke dauerten länger. Ein Lächeln huschte über ihr Gesicht. Sie wandte sich wieder ihrem Vater zu.

Hajos Jagdtrieb war endgültig erwacht. Sicheren Schrittes folgte er seinem Opfer. Zielsicher hielt er kurze Distanz zu dem Mädchen. Die Grotte bot beileibe nicht viel Platz. Eine vortreffliche Gelegenheit, bei jedem Halt durch den Kapitän Schulter an Schulter mit ihr den erklärenden Worten zu lauschen ohne hinzuhören. Und zwischendurch trafen sich flüchtige Blicke, eingeleitet durch ruckartige Kopfbewegungen, dass der andere die Botschaft auch mitbekomme, und beendet durch eine ebenso ruckartige Kopfbewegung, Schüchternheit und Zurückhaltung demonstrierend, Grenzen wahrend.

Und dann und wann ein Lächeln, um den anderen wieder zu ermuntern. Hajo schwellte die Brust.

Die Holzbrücke kam wie gerufen. Schmal, gerade breit genug für eine einzelne Person, führte sie über einen schmalen, wasserführenden Graben. Um die Brücke zu betreten, musste man auf beiden Seiten drei Stufen steigen. Feuchte Holzstufen, teuflisch glatt. Und ohne sicherndes Geländer. Hajo sprang vor und reichte der Griechin die Hand zur Hilfe. Sie blickte ihn einen Moment verharrend an, lächelte kurz und griff zu. Stolz und strahlend schaute Hajo ihr in die Augen. Sieg!

Freundlich bedankte sich auch der Vater für Hajos galante Hilfe.

Dann stand Jakob neben Hajo und streckte ihm seine Hand locker hängend hin. Mit den Augenwimpern klimpernd, süßlich lächelnd, den Kopf leicht geneigt wartete er auf Hajos Griff. Der Freund sah ihn nur bös an. Jakob grinste frech und eilte über die Brücke.

Dem weiteren Verlauf des Flirts tat dies keinen Abbruch. Ein wortloser Flirt. Bisher hatte Hajo keinen Ansprechversuch unternommen, er unternahm auch keinen bis zum Ende der Fahrt unter der Erde. Was hätte er auch geistreiches sagen sollen. Er genoss die Konzentration des Kontaktes auf den Blick und flüchtige Berührungen. Und dieser eine Händedruck. Der Tag hatte sich für ihn schon gelohnt. Was wollte er heute mehr?

Das Funkeln und Glitzern der Kalkwände in ihren Augen. Diese Bild schloss er für den heutigen Tag in sein Herz. Mehr wollte er nicht.

*

Hermann und Troels saßen am Hafen auf einer Mauer. Nur wenige Schritte entfernt lachten und scherzten die jüngeren Griechen mit dem Alten ohne Hände. Die Sonne schien ungehindert seit den frühen Morgenstunden. Dennoch waren die Fischerboote im Hafen geblieben. Der Wind blies kräftig, das Meer brach heftig seine Wellen an den Felsen. Es wirkte ungemütlich. Offensichtlich kein Wetter zum Auslaufen für die Fischer.

»Hast du wirklich gehofft, Christine hier zu treffen?«

»Ja.«

»Das hat mich sehr gewundert.«

»Dich? Wieso?« Troels schaute verblüfft.

»Na ja ...« Hermann klang ein wenig verlegen. »Ich hatte eine Zeitlang geglaubt, du hättest Christine nicht gesucht.«

»Wie?«

»Hm ... nun, ich nahm an, du hättest mit Christine ihr Verschwinden arrangiert, um mit ihr allein weiterzureisen. Hätte ich mir gut vorstellen können. So verliebt, wie ihr seid.«

Hermann sah Troels an. Der Däne hatte seinen Blick jedoch abgewandt. Stumm starrte er auf das Wasser des Hafens. Nach kurzer Zeit schielte er Hermann schräg von der Seite an.

»Es stimmt.«

»Was stimmt?«

»Deine Vermutung.«

»Es war also tatsächlich von euch beiden so arrangiert?«

»Ja.« Das schlechte Gewissen schnürte Troels die Kehle für einen Augenblick zu.

»Also doch!« Hermann fixierte seinen Nachbarn für einen kurzen Augenblick sehr scharf. Dann fand er seinen milden Blick wieder. »Ich hab's geahnt. Und weiß nicht genau, warum ich darauf kaum. Hm, euch schien eine romantische Welle nicht nur einfach erfasst zu haben, sondern sogar fortzuspülen. Darum kam ich wohl darauf.«

Die letzten Worte schien er nicht mehr dem Dänen, sondern lediglich sich selbst in Gedanken versunken hinzubrummen. Er hob wieder die Stimme:

»Christines früher Aufbruch auf dem Campingplatz am Olymp war also zwischen ihr und dir abgesprochen«, stellte er fest. Troels nickte stumm.

»Wer hatte denn von euch beiden diese Idee? Auch wenn es jetzt nicht mehr wichtig ist, es interessiert mich.«

»Ich. Sicher wäre Chris, falls sie die Idee zuerst gehabt hätte, mit einem solchen Vorschlag nicht rausgerückt. Mich von Jakob zu trennen, der Anstoß dazu musste wohl von mir selbst kommen.«

»Ihr wolltet also Jakob einfach so im Stich lassen.«

»Na, nur für ein paar Tage. Da wir uns ja alle hier in Gerolimin zu einem festen Zeitpunkt wiedertreffen wollten, wäre es ja nur für ein paar Tage gewesen. Und du siehst ja jetzt, es hat ja praktisch funktioniert.«

Troels sah Hermann traurig an. Ha, Hermann blieb gar nichts anderes übrig, er musste unweigerlich an einen Basset denken.

»Aber Jakob nach Istanbul jagen zu lassen!«

»So schlecht war das ja nun nicht. Ich ließ in unserer Diskussion nur beiläufig die Vermutung fallen, dass Christine euch nachgefahren sein könnte. Und Jakob sprang direkt darauf an. So brachte ich ihn zu dem, was er eigentlich von Christine vermutete: euch nachfahren. Ich hoffte, dass er euch auch finden würde und mit euch hierherreisen würde ...«

»Und uns in die gleiche Ungewissheit und Aufregung stürzen!«, unterbrach ihn Hermann. »Wäre ich dein Vater, hättest du spätestens jetzt ein paar hinter die Löffel gekriegt!«

Troels sah ihn verstört an. Er verstand Hermanns Aufregung, aber nicht dessen letzte Worte.

»Wie?«

»Äh, ... na, übers Knie gelegt.«

»???«

»Ich hätte dir eine Ohrfeige oder sowas verabreicht.«

Jetzt hatte Troels kapiert. Schuldbewusst senkte er den Kopf. Hermann glaubte nicht, dass diese Reaktion ganz echt war, er war aber nicht weiter böse darum. In der Situation, in der der Däne sich befand, konnte er nach Hermanns Überzeugung nicht so recht zwischen Schuld und Unschuld unterscheiden. Dazu spielten denn doch zu viele Gefühle eine wesentliche Rolle.

»Lassen wir das. - Du trafst Christine also direkt wieder, als Jakob abgereist war?«

»Ja. Am Nachmittag des gleichen Tages. Sie war immer in der Nähe gewesen. Unten am Wasser ...«

»Entschuldige, dass ich dich unterbreche! Eines fällt mir da noch ein: warum habt ihr nicht schon am Tage vorher in Thessaloniki für einen klaren Tisch gesorgt? Diese Idee ist dir doch wohl nicht erst am nächsten Tag gekommen.«

Troels schüttelte den Kopf. »Nein. Ich hatte mich noch nicht getraut.«

»Und Christine? ...«

»... wusste zu dem Zeitpunkt von der Idee noch nichts.«

„Wann habt ihr denn den gemeinsamen Beschluss gefasst?"

Troels schwieg.

»Jetzt sag mir bloß nicht, erst morgens im Zelt ...«

»Nein, nicht ganz. Abends beim Einschlafen.«

Hermann blickte auf die an die Hafenwand schlagenden Wellen. »Also - zumindest was Christine betrifft - wohl eine ... äh, na, wie sagen die Rechtsverdreher ... äh ... eine Affekthandlung. Denn sauber überlegt hatte sie diesen Schritt damit sicher nicht.« Seine Stimme klang befriedigt. »Und du weißt nicht, wo Christine jetzt ist?«

»Nein.«

»Wann und wo habt ihr euch getrennt? Warum überhaupt?«

Troels zuckte die Schultern. »Ich weiß nicht, warum. Und was heißt schon ›getrennt‹. Chris war auf einmal weg.«

»Wo?«

»Nahe Korinth. Wir machten an einem Straßenrestaurant Rast. Irgendwann musste ich auf die Toilette, und als ich wiederkam, war Chris verschwunden. Mitsamt ihrem – fast - kompletten Gepäck. Einfach verschwunden.«

»Wann war das?«

»Vor drei Tagen.«

»Und du hast keine Idee, wo sie jetzt ist?«

»Nein. Ich suchte zunächst in der Gegend - aber wo soll man suchen, wenn man keinen Anhaltspunkt hat? - Halt, einen Anhaltspunkt hatte ich: Sparta. Wir hatten ursprünglich die Absicht, auf unserem Weg hierher Sparta zu besuchen. Also fuhr ich auch dorthin. Aber Sparta? Kannst du glatt vergessen. Stinknormale Stadt. Einzig sehenswert ist in der Nähe Mistra oder Mistras - weiß nicht mehr so genau. Aber ich fand sie nirgends.«

»Und du bist dir sicher, dass sie aus freien Stücken verschwunden ist?«

»Was heißt schon ›sicher‹? Aber sie hatte ihr Verschwinden an dem Tag geplant. So auf die Schnelle hätte sie Ihr Gepäck an dem Restaurant nicht zusammensuchen können. Das war vorbereitet. Insofern bin ich mir sicher.«

Hermann schaute zufrieden. »Dann werden wir wohl nur warten müssen, bis sie hier aufkreuzt. Das wird, glaube ich, nicht lange dauern. - Was meinst du, sollen wir einen Wein trinken gehen?« Aufmunternd fragte Hermann seinen jungen Begleiter. Der nickt zustimmend. Sie gingen ins Hotel.

Der alte Fischer ohne Hände saß schon dort an seinem Tisch.

Das Foto des Fischers

Der nächste Tag verstrich. Christine kam nicht. Ungeduldig, nervös lebten die vier Männer durch den Tag. Immer in der Nähe des Dorfes, möglichst nah am Hafen, dem Zentrum des Dorfes.

Autos kamen wenige an, Schiffe häufiger. Fischerboote in der bekannten Größe durchschnitten die Wellen und legten an der Mauer an. Nur wenige Männer verließen die Boote. Keine Touristen waren darunter.

Es war am späten Nachmittag. Ein kleineres Boot hatte soeben angelegt. Ein Kahn, einziger Aufbau das Steuerhaus, der gesamte Rumpf vielleicht neun Meter lang. Ein schlaksiger Fischer, vielleicht siebenundzwanzig, achtundzwanzig Jahre alt, sprang an Land. Auf seinem lockigen, kurzen Haar trug er eine der typischen Schiffermützen, eventuell eine Nummer zu klein.

Jakob lehnte gelangweilt an der Hauswand des Hotels, als der Grieche an ihm vorbei die Stufen zum Hoteleingang in einem Satz nahm. Wenige Minuten später öffnete sich wieder die Tür, und der Fischer verließ das Gebäude mit dem gleichen Schwung. Er stürmte an Jakob vorbei, drehte im Vorbeiflug den Kopf herum, hielt inne. Jakob sah keinen Grund, doch der andere machte einen Schritt geradewegs auf ihn zu. Der Grieche grinste. Jakob verstand die Worte nicht, die der andere ihm zuwarf. Aber sie klangen freundlich und aufmunternd. Offensichtlich hatte des Dänen missmutiges und trauriges Gesicht den Grieche aufgehalten und zu einer Reaktion bewegt.

»Junger Freund! So traurig? Bei diesem wunderschönen Tag in diesem wunderschönen Land? Musst du lachen, nur lachen!«

Er sang diese Worte förmlich. Diesmal in Englisch. Er gab dem Dänen einen freundlichen Puff an die Schulter, grinste übers ganze Gesicht und wandte sich direkt wieder, um seinen Weg zurück zum Boot fortzusetzen. Doch dass der Däne offensichtlich überhaupt nicht reagierte, ließ ihn wieder stutzen.

»Kein Lachen?«, fragte er im Umdrehen.

»Nein.« Doch in Jakobs Antwort mischte sich unübersehbar ein Grinsen, herzlich und befreiend.

»Hallo, geht doch!«

»Ja, ja. Muss ja.«

Mit zusammengekniffenen Augen fixierte der Grieche den Dänen.

»Du wartest.« Keine Frage, eine Feststellung. Der Fischer lehnte sich mit der Schulter drei Handbreit von Jakob entfernt an die Hauswand. Die Antwort des Dänen bestand aus einem kurzen Augenaufschlag, mehr nicht. Der Grieche zückte eine leicht zusammengedrückte Zigarettenschachtel und bot einen Glimmstängel an. Jakob lehnte dankend ab.

»Du darfst im Leben nicht warten.« Welch vielsagender Satz des Südländers.

»Wohin soll ich also gehen?«

»Wohin du willst. Nur nicht warten.«

»Und wenn ich weiß, dass ich woanders hin will, aber noch nicht weiß, wo das sein kann, was dann?«

»Das ist schwer, mein Freund. - Schwer zu verstehen.«

»Was ist daran schwer zu verstehen?«

»Nur weil du nicht weißt, wohin du gehen sollst, wartest du. Verharrst du untätig. Das ist es, was so schwer zu verstehen ist. Wenn du nicht weißt, wohin, dann suche das Wohin. Mach dich auf. Aber warte nicht! Das Wohin wird nicht zu dir kommen.«

»Also mich einfach in irgendeine Richtung in Bewegung setzen?«

»Wenn du unbedingt willst. Aber prüfe dich genau, forsche in dir! Vergiss deine jetzigen Probleme und forsche in dir! Du wirst feststellen, dass du immer ein Wohin findest. - Versteh mich nicht falsch. Die Antwort auf die Frage ›wohin?‹ kann sehr wohl sein

›hierher‹, wenn du nur den Ort siehst. Aber deine Gedanken gehen weiter. Sie verharren nicht wartend. - Und du wartest jetzt, du und deine Gedanken.«

Jakob war verblüfft, sogar leicht verärgert. Wie konnte ein wildfremder Mensch ihm gegenüber zu einer solchen Feststellung kommen? Und zu allem damit auch noch Recht haben - ob Jakob das nun wahrhaben wollte oder nicht? Er antwortete nicht, blickte den Griechen leicht verärgert an.

»Nichts für ungut, fremder Freund«, antwortete der Fischer, seinerseits ein wenig reserviert. Er spürte wohl, dass er in seinem Überschwang zu weit gegangen war. »Wenn du magst, ich sag dir ein Wohin. Komm in mein Dorf! Und ich zeige dir noch andere Wohin.«

»Wie willst du mir das zeigen?«

»Komm, und du wirst sehen.«

Jakob antwortete nicht.

»Bei einer Ausfahrt mit dem Boot wirst du anfangen zu verstehen. Nicht mit jenem kleinen Kahn dort. Mit einem richtigen Fangboot werden wir ausfahren.«

Jakob zeigte keine zustimmende Reaktion. Um ihn in einem letzten Versuch zu überzeugen, kramte der Fischer in der Jackentasche.

»Hier habe ich ein Foto des Schiffes. Es ist groß genug, um weit hinauszufahren. Wir hätten sicherlich unseren Spaß.«

Der Grieche hielt dem Dänen eine Polaroid-Fotografie hin.

»Das war vor zwei Tagen. Wir hatten viel Spaß.«

Jakob warf einen flüchtigen Blick auf das Bild. Zugegeben, ein schönes Boot. Der Grieche war an der Reling zu sehen, neben ihm ein Mädchen mit langen, blonden Haaren.

»So, genug palavert. Du kommst also!«, sagte der Grieche. »Ich muss nun wieder zurück nach Methoni.«

»Methoni? Wo liegt das?«

»Stell dir die drei Finger des Peloponnes vor. Auf dem westlichsten liegt das Dorf.«

Der Grieche verabschiedete sich. Bevor er das Bild nahm, warf Jakob nochmal einen genaueren Blick darauf. Es traf ihn wie ein Blitz. Das Mädchen war Christine! Er fasste den Griechen, der sich schon zum Gehen abgewandt hatte, am Arm.

»Wer ist das Mädchen? Wo ist sie?«

Der Fischer schaute ihn entgeistert an. Mit einem Schulterzucken sagte er: »Irgendeine Touristin, die zur Zeit in Methoni ist.
Sehr nettes Mädchen. Die letzten Tage haben wir einiges
gemeinsam unternommen. Warum fragst du?«

»Ach nichts. Nur so.« Glatt gelogen!

»Irgendwas ist hier sehr merkwürdig. Deine Reaktion auf das
Bild und die Reaktion des Mädchens ... Erst wollte sie heute
mitfahren, und als sie hörte, dass ich nach Gerolimin führe, sprang
sie urplötzlich ab.«

Er sah Jakob ernst an.

»Nun - sie ist es, auf die ich - oder besser wir hier warten. ... Du
siehst, das Wohin ist doch zu mir gekommen. Wir werden uns in
Methoni wiedersehen.«

Der junge Grieche sah ihn wortlos an. Er griff den Dänen zum
Abschied mit der Rechten an dessen linker Schulter und nickte.
Lachend, den Kopf schüttelnd, stieg er zum Wasser hinunter. Als
er mit dem Boot aus dem Hafen hinausfuhr, winkte er noch einmal.
Jakob stand aber schon nicht mehr vor dem Hotel.

.

Methoni

Zwei Motorräder und ein VW-Bus folgten der Küstenstraße nach
Kalamata. Die vier Reisenden hatten aufgescheucht durch Jakobs
Neuigkeit innerhalb von einer Stunde alles Gepäck zusammenge-
staut. Ohne den Bus hätten die Motorradfahrer sicher doppelt solange benötigt, um die Maschinen sorgfältig zu bepacken. Doch so
warfen sie einfach all die Sachen, die sie während der Fahrt auf
dem Zweirad nicht benötigten, mehr oder weniger lose durch die
Schiebetür in den Bus.

Zwar drängte Hermann darauf, diese Nacht noch hier zu
bleiben, doch da stand er auf verlorenem Posten. Die drei Jungs
wollten so schnell wie möglich aufbrechen. So kamen sie in den
Genuss eines Bilderbuchereignisses: Weit hinter Kalamata fuhren
sie durch die Eintönigkeit der südlichen Landschaft. Dann hatten
sie den freien Blick aufs Meer Richtung Westen. Direkt in das

Dunkelrot der ins Meer versinkenden Sonne. Jetzt ließ Hermann keinen Widerstand zu. Er bestand auf einer Pause.

»Ach, hört auf! Wenn Christine noch in dem Ort ist, wird sie auch in zwei Stunden noch dort sein. Außerdem wundere ich mich gar nicht, wenn wir heute sowieso nichts mehr unternehmen können - auch wenn wir direkt weiterfahren. Und außerdem ist Christine kein kleines Kind mehr. Sie kann auf sich aufpassen. So wie die letzten Tage auch.«

Der alte Mann sprach ungehalten. Hatte er sich in den letzten Tagen auch viele Sorgen um Christine gemacht, so war ihm seit wenigen Stunden klar, dass dies unnötig gewesen war. Christine wollte offenbar allein sein, und sie war alt genug, das zu tun. Vor knapp drei Stunden waren sie aufgebrochen, und die Hast, mit der sie die hundertfünfzig Kilometer hinunter gespult hatten, erweckten den Eindruck einer Menschenjagd. Leider merkte er das erst während der Fahrt, sonst hätte er sich in Gerolimin mit seinem Widerstand durchgesetzt. Nicht, dass Christine nicht hatte kommen können, nein, sie hatte nicht kommen wollen. Für Hermann keine Frage: Christines Wunsch war zu respektieren.

Er griff sich einen Klappstuhl und baute ihn neben dem Bus auf. Die Augen geschlossen versuchte er, Ruhe zu gewinnen. Dann und wann die Augenlider leicht anhebend blinzelte er in des schillernde Licht. Tausende von Sternen tanzten auf dem Wasser. Sprangen von links nach rechts, von rechts nach links. Gemeinsam bildeten sie eine Bahn, eine Sternenstraße, die weit wegführte, direkt in das warme Rotlicht einer großen, feurigen Kugel. Auf dieser Bahn schickte Mutter Sonne ihre lebenspendenden Strahlen in die Welt, dorthin, wo Hermann gerade saß. Hermanns Gedanken tauchten in den ankommenden Schwall. Heimische Wärme. Zu keinem Zeitpunkt der Reise hatte Hermann so etwas wie Heimweh verspürt. Doch an keinem Platz der Reise, zu keinem Zeitpunkt hatte er zuhause so sehr vergessen, fühlte er sich gleichzeitig so sehr zuhause. Er spürte ihre Nähe. Er wusste, er war nicht allein, war nie alleine gewesen. Lisa war zum Greifen nahe. Kein Gefühl, das ihn traurig stimmte oder das aus einer Traurigkeit erwachsen wäre. Im Gegenteil. Geboren aus wärmender Lebensfreude machte es Hermann glücklich zu wissen, dass er diesen Teil des Lebens für einen anderen und mit dem anderen zusammen erlebte.

Ein Film lief ab. Szene für Szene des bisherigen Reiseverlaufs erschien im Schnelldurchgang vor Hermanns geistigem Auge. Istanbul - gemeinsam mit Lisa ging er durch die Gassen, folgte er Ibrahim durch den Basar. In einer Teestube diskutierten sie türkische Geschichte. Die Adria - die Bora zerzauste Lisas Haar. Sie lachte herzhaft. In einem Hotel am Mittelmeer tranken sie mit einem alten Fischer ohne Hände auf ihr gemeinsames Wohl.

Das Schlagen einer Tür weckte Hermann aus seinem Traum. Hajo hatte die Feldflasche aus dem VW geholt. Hermann blickte hinüber, drehte dann den Kopf wieder zurück und schaute aufs Meer. Der Sonnenball war bereits zu drei Viertel verschwunden. Groß sank die feurige Scheibe, vergrößert durch die Dichte der Atmosphäre.

Hermann wechselte kein Wort mit den anderen. Es sprach ihn ja auch keiner an. Hajo schlenderte durch das Gras, nachdem er einen Schluck aus der Flasche genommen hatte. Jakob und Troels saßen wenige Meter entfernt an ihre Motorräder gelehnt. Sie saßen zwar nebeneinander, doch sie sprachen und redeten sich nicht an. Offensichtlich und leicht nachvollziehbar hatte ihre Freundschaft in den letzten Tagen einen empfindlichen Knacks erlitten.

Die Sonne war versunken. ›Und doch zischt es nicht‹, dachte Hermann an seine alten, kindlichen Vorstellungen.

»Von mir aus können wir jetzt weiterfahren!«, rief er. Die Jungs gehorchten aufs Wort. Allem Anschein nach hatten auch sie letztlich die Pause und das Schauspiel genossen. Sie wirkten keineswegs missmutig.

›Es scheint, wir sind auf dem Wege der Besserung‹, dachte Hermann, als er auf dem Beifahrersitz Platz nahm.

Nach wenigen Kilometern hatten sie Pilos erreicht. Die warme Luft hielt die Menschen noch im Freien. So war der Marktplatz ganz dicht beim Hafen noch sehr belebt. Die Leute saßen an Tischen, die zu irgendeiner Kneipe gehörten.

Jakob hatte das Motorrad gleich gesehen. BMW, blau, deutsches Kennzeichen. Zu seiner Verblüffung schien auch Troels die Maschine zu kennen. Die Dänen schauten sich um. Da saß er, winkend. Markus. Die Dänen bogen auf den Marktplatz ab und hielten an. Markus stand direkt bei ihnen. Er bot Jakob die nach oben gekehrten Handflächen hin; Jakob schlug lachend mit seinen Händen klatschend ein. Seinerseits hielt letzterer nun die Hände mit den Innenflächen nach oben hin; Markus reagierte in der umgekehrten Weise. Weniger herzlich begrüßte der Deutsche Troels; besser gesagt: Troels ließ keine ähnlich herzliche Begrüßung zu. Dafür war ihr erster Kontakt vor einigen Tagen wohl auch zu flüchtig und zurückhaltend gewesen.

Drüben von der Straße her beobachteten Hajo und Hermann dieses unerwartete Verbrüderungszeremoniell.

Noch einer schaute letztlich übermäßig überrascht: Troels. Er hatte bis zum Augenblick der Begrüßung nicht auf Jakobs Reaktionen geachtet. Erst jetzt ging ihm auf, dass sein Freund den Deutschen gut zu kennen schien. Jakob seinerseits war es noch nicht klar, dass Troels und Markus sich nicht erst jetzt gerade das erste Mal gesehen hatten.

»Hallo Jakob! Du siehst, es ist unmöglich, sich hier nicht wiederzutreffen. - Und dein Name ist Troels, wenn ich mich recht erinnere?« Der Däne nickte. »Hast du in Mistras gefunden, was du suchtest?« Troels schüttelte säuerlich lachend den Kopf. Jakob schaute überrascht. Jetzt erst kapierte er, dass die beiden sich bereits begegnet waren.

»Und du warst genauso erfolglos mit deiner Suche nach Christine, Jakob?«

»Nicht ganz. Ich ...«

»... du weißt, wo du sie findest. Ich seh's dir an deinen Augen an. Ich weiß es auch. Diese Richtung.« Er wies mit dem Arm nach Süden. »Im nächsten Dorf.« Er lachte. »Du siehst, du hättest mich begleiten sollen.« Sein Augenzwinkern zeigte, dass er das nicht so ernst gemeint hatte.

»Wo finden wir sie dort?«

»Überall. Ihr werdet sie schon finden. Wenn es in Griechenland schon unmöglich ist, sich nicht zu begegnen, dann doch erst recht in einem kleinen Dorf.« Die Gruppe war langsam zum Tisch gegangen. Markus griff sein Glas und prostete Jakob provozierend genüsslich zu. »Oder setz dich doch einfach hin unten am Hafen - oder besser gesagt: am Strand, denn ein rechter Hafen ist das nicht - auf die Terrasse der kleinen Cafe-Baracke, trink einen Kaffee und einen Ouzo, plaudere mit diesem und jenem, genieße den Tag. Und irgendwann, eher als du glaubst, steht das Mädchen vor dir.«

Mittlerweile saß er schon wieder. Mit einer Handbewegung lud er die anderen ein, Platz zu nehmen. Die Dänen zögerten ungeduldig. Doch schon saß Hermann auf dem Stuhl neben Markus. Er und Hajo waren herübergekommen und hatten die letzten Worte mitbekommen.

»Ich trinke einen Retsina. Und du, Hajo?«

»Eine Cola.«

Der bedienende Junge nahm's auf und schaute die Dänen auffordernd an. Jeder Widerstand war zwecklos. Alle hatten sich gegen sie verschworen. Markus, Hajo, Hermann, und jetzt die Bedienung - alle zwangen die Dänen zu bleiben.

»Zwei Cola, bitte!«, bestellte Jakob und reckte zwei Finger hoch.

Die Deutschen stellten sich untereinander gegenseitig vor.

»Ist es weit bis Methoni?«

»Ach was! Paar Kilometer. Ihr könnt mir ja gleich hinterher-fahren. Ist mein letzter, Hajo.« Markus nahm ihn, den letzten Schluck. »Ist ein wirklich hübscher Ort. Mit einer alten Festung. Den Campingplatz ganz dicht am Wasser. Mit einer geschützten Bucht. Und piekenden Steinen ...«

»Hm, Und Christine?«

»Es ist so, wie ich's eben sagte: sie ist da, unversehrt, sie wird auch morgen noch dort sein.«

»Offensichtlich kennst du die Vorgeschichte. In Einzelheiten vielleicht sogar besser als Hermann und ich. Hast du mit Christine gesprochen?«

»Ja.«

»Und? Warum ist sie allein verschwunden und weitergereist?«

»Hm.« Markus lachte nur und zuckte die Schultern. »Wisst ihr, ich bin Außenstehender. Ja, ich weiß wahrscheinlich, warum sie es tat. Dennoch steht es mir nicht an, darüber zu berichten. Das wäre nicht gut. Ihr werdet es selber herausfinden.« Seine Worte klangen sehr bestimmt.

»Hat es irgendetwas mit ...«

»Kein Kommentar, Hajo«, fiel Markus ihm abschneidend ins Wort. »Ich kann dir etwas erzählen, und andere können dir etwas erzählen, und du sitzt in einer Woche noch hier und bist keinen Deut schlauer. Nur was du selbst herausfindest und erlebst, ist gewiss.« Er zwinkerte mit dem rechten Auge. »Fahren wir?«

Die anderen nickten und leerten ihre Gläser.

Auf schmaler Straße, zwischen mannshohen Bäumen hindurch, fuhr Markus vorweg. Jakob und Troels folgten dichtauf, der VW-Bus in größerem Abstand. Das Dämmerlicht verschluckte das Grün der Bäume und Gräser. Alles wirkte grau in grau. Die trockene Hitze des Tages mischte sich mit der die Dunkelheit begleitenden, feuchten Kühle des nahen Meeres. Noch strahlte der Himmel in seinem schwächer werdenden Blau, doch der Mond zeigte sich bereits im Süden. Die Blumen und die Pflanzen der Felder versprühten Leben, wohlriechendes Leben. Kräftig blies der Wind durch die geöffneten Fenster des Busses.

»Wir sollten nur noch um diese Tageszeit reisen, Hajo. Nach diesem hitzigen Tag!« Hermann schloss die Augen und träumte einen Moment. Das Leben in sich einsaugen!

»Du hast mir noch immer nicht im einzelnen berichtet, was du gestern von Troels erfahren hast.«

»Ich sagte dir, die beiden - Troels und Christine - hatten Christines Verschwinden arrangiert. Und wichtig ist doch ausschließlich, wie ich dir auch schon erzählte, dass sie Troels aus freien Stücken verließ. Alles weitere wird sich zeigen. Wir sollten uns nicht unser Maul zerreißen.«

Sie passierten die ersten Häuser. Dann waren sie mitten im Dorf. Geradewegs führte die Straße hindurch. Hajo folgte jetzt den Motorradfahrern in knappem Abstand. Kurz vor dem Hafen bogen sie links in einen Schotterweg ab. Der Staub wirbelte auf. Jakob stand in den Rasten. Markus bog wieder links ab. Der Campingplatz. Rechts neben dem Weg, hinter einem kleinen Wall oder Damm, rauschte das Meer. Und schräg rechts hinter ihnen auf der anderen Seite der Bucht ragte ein nicht sehr hoher, aber massiver Turm über die Hafenanlagen. Die Festung von Methoni.

Markus half ihnen beim Zeltaufbau. Dann führte er sie die wenigen hundert Meter in das Dorf. Sie überquerten die erste Hauptstraße und gelangten ins ›Herz‹ des Ortes: die zweite Querstraße mit einer Handvoll Restaurants und Kneipen. Zielsicher leitete Markus sie über die Straße zur Metzgerei. Im Innern reihten sich gegenüber der Fleischtheke drei Tische aneinander. An der dahinterliegenden Wand standen drei weitere, einzelne Tische. Die fünf Neuankömmlinge setzten sich an das hintere, freie Ende der Tischreihe. Obwohl der Abend schon weit vorangeschritten war, herrschte reichlich Leben in dem Raum. Zwei Kinder um die fünf Jahre alt rutschten unruhig auf den Stühlen am Nachbartisch herum, lachten, sprangen auf, rannten johlend durch die Stube. Die Eltern schauten ihnen nach, winkten, lachten, wandten sich wieder ihrem Gespräch zu.

Von einem anderen Tisch erhob sich ein fülliger Grieche mit schmalem, weit auf die Wangen gezogenem Schnäuzer. Sein Bauch wippte, als er auf den deutsch-dänischen Suchtrupp zutrottete. Er hielt neben Markus inne, legte seine linke Hand auf des Deutschen Schulter, lachte und grinste breit.

»War der Tag gut?«, fragte er in gebrochenem Deutsch.

»Klar.« Markus zwinkerte ihm zu. »Bring uns Retsina!« Markus ließ seinen Blick schweifen. Keiner widersprach. »Wollt ihr etwas essen?«

»Ja.« Die Antwort war einhellig.

»Kannst du hier etwas empfehlen?«

»Klar. Die Lammkoteletts von Schorsch müsst ihr einfach probiert haben! - Also, Schorsch, eine Lage Koteletts!«

Der Wirt nickte und verschwand hinter einer Stellwand.

»Wieso hat er einen so deutschen Namen?«

»I wo! Hat er gar nicht. Er heißt Georgis. Aber er freute sich mächtig, als ich ihn Schorsch taufte.«

Hermann schaute sich weiter um. Die alte Fleischtheke war aus Holz gezimmert. Kleine Glasscheiben gaben einen spärlichen Blick auf die Wurstauslage frei. Gleichsam spärlich hingen einzelne Würste und Fleischstücke an Haken an dem weiß gekachelten Wandstück hinter der Theke. Hermann vermutete, dass die begrenzte Auslage kein Zeichen von Armut oder Mangel, sondern eher von Hygiene war. Die direkt angrenzende Tür mit dem großen Hebel verschloss wohl den Eingang zu einem Vorrats- oder gar Kühlraum. Abgesehen von dem üblichen Schmutz, den abendliche Zechgäste in einem solchen Raum hinterlassen, wirkte die Gast und Verkaufsstube ausgesprochen sauber und gepflegt, wenn auch der ein oder andere Stuhl seine ausgeprägten Altersspuren nicht verbergen konnte. Keinerlei Bilder schmückten die hellbraun gestrichenen anderen Wände. Zwei Glühbirnenfassungen baumelten ohne Lampenschirm an langen Kabeln von der ebenfalls hellbraunen Raumdecke. Die Fassungen waren leer. Wozu hätten auch Birnen eingedreht sein sollen, da die alten Lichtquellen ihre Aufgabe an moderne Elemente abgetreten hatten. Zwei unverblendete Neonröhren in der Deckenmitte strahlten ihr unwirtliches, kaltes Licht in den Raum ab. Durch das große Schaufenster und die offene Tür erhellte das Licht auch den Gehsteig. Die zwei kleinen Tische mit den Stühlen aus Drahtgeflecht vor der Kneipe standen leer und unbenutzt. In der Dunkelheit des Abends war es auch um diese Jahreszeit im Freien empfindlich kühl.

Umso mehr Leben und Wärme herrschte im Innern. Lediglich ein Wandtisch war unbesetzt. Das Stimmengewirr, sowieso schon unverständlich für Hermanns Sinne, gemischt mit dem Lachen und Schreien der Kinder, das Rücken von Stühlen, das Klirren von Gläsern, das Scheppern des Geschirrs aus der angrenzenden Küche, die mit Bratenduft durchsetzte, verqualmte Luft des Raumes, alles das bildete eine Warmfront gegen die leblose Kälte der dunklen Nacht.

Ein ungefähr elfjähriger Junge betrat die Metzgerei.

»Kalimera! Thiu Souvlaki!«

Da war wieder dieses für deutsche Zungen so schwer zu sprechende, s-ähnliche ›th‹. An des Knaben Fingerstellung erkannte Hermann den Sinn der Bestellung: zwei Souvlaki, zwei Fleischspießchen. Der Junge legte das Geld auf die Theke und nahm die Spieße in Empfang. Stolz und zufrieden verließ er den Raum, nicht ohne sich mit einem lauten »Kalispera!« zu verabschieden.

Hajo raunte Hermann belustigt von der Seite an: »Wie bei uns in der Eisdiele.« Hermann drehte den Kopf und nickte. Sein Blick fiel auf Jakob und Troels. Unwillkürlich folgte Hajo seinem Blick.

»Die Trübsinnigkeit der beiden macht mich bald wuschig, Hermann!«, flüsterte er.

»Wie? Ist es dir denn egal, was mit Christine ist? Die beiden möchten so schnell wie möglich das Mädchen sehen. Und ich auch.«

Hajo wollte direkt antworten, hielt aber inne, als Troels für einen Moment herüberschaute. Dann, als die Dänen ihr Gespräch mit Markus laut fortsetzten, antwortete er:

»Ich freue mich auch darauf, sie wiederzusehen. Aber muss ich deshalb so ungehalten wirken wie die beiden? Du bist doch auch nicht so nervös. Oder täusche ich mich da?«

»Hast schon Recht. Seitdem wir diesen jungen Deutschen in Pilos getroffen haben, bin ich zwar noch neugieriger geworden, aber auch beruhigter. Offenbar ist mit ihr alles in Ordnung.«

»Na siehst du! Wir werden sie hier sehen - ich hoffe noch heute. Aber das ist ja noch lange kein Grund, dieses ungeduldige und vor allem eifersüchtige Getue der beiden dort mitzumachen.« Hajo hielt einen Moment inne und schaute ein wenig verträumt.

Dann grinste er. »Und was würden die beiden dumm gucken, wenn Chris in der Zwischenzeit mit Markus ...« Für einen Augenblick schien Hajos Grinsen dem Alten leicht säuerlich.

Der Wirt und Metzger sorgte für eine Gesprächspause, als er die Kupferbecher und die Gläser auf den Tisch setzte. Jeder der drei Becher mochte einen Viertelliter Retsina fassen. Markus verteilte die Gläser und schenkte ein.

»Also dann: Jammers! Auf uns!«

Er nahm einen kräftigen Schluck. Die anderen folgten seinem Beispiel. Hermann schien der Wein lieblicher als alle bisher auf ihrer Reise probierten Weinsorten zu sein. Markus und die Dänen setzten ihre in Englisch geführte Unterhaltung fort. Hajo nutzte die bei Hermann und ihm entstandene Pause, um zuzuhören.

»... Aber warum denn. Vielleicht kommt sie, vielleicht auch nicht. Jetzt macht euch doch nicht verrückt. Morgen ist auch noch früh genug.«

›Gleich flippen sie aus,‹ dachte Hajo amüsiert.

»Aber du kannst mir doch wenigstens sagen, wo sie wohnt!« Jakobs Stimme wurde lauter.

»Einen Teufel werde ich tun.« Das erste Mal, zumindest soweit Hajo das mitbekommen hatte, klang Markus hart und etwas bös. »Zum einen bin ich kein Kindermädchen, und zum anderen ist das Mädchen erwachsen. Und jetzt ist das Thema für mich erledigt. Morgen bin ich gern zu allem bereit.« Die Pause, um einen tiefen Schluck zu nehmen, unterstrich seine letzten Worte.

Der Wirt brachte die Koteletts, servierte dazu leuchtend gelbe Pommes Frites und Salat. Dieses Fleisch war, leicht gewürzt mit Zitronensaft, das Köstlichste, das Hermann und Hajo bisher auf der Reise gegessen hatten.

»Was meinst du, wird Christine hier im Laufe des Abends erscheinen?«, fragte Hermann und schob noch ein Stück Kartoffel nach.

»Du meinst, dass Markus mit uns hier so etwas wie ein Empfangsessen veranstaltet?«

Hermann nickte. Hajo schaute einen Augenblick nachdenklich auf die gegenüberliegende Wand. Dann antwortete er:

»Nein, glaube ich nicht. Markus mag ein Mensch sein, der das Leben um einiges lockerer sieht und lebt als wir, aber ganz spontan geurteilt, ihm würde ich fast blind vertrauen. So würde er uns nicht auf den Arm nehmen. Er weiß nicht, wo Christine jetzt ist oder wann sie kommen wird.«

Der Alte fixierte ihn mit skeptischem Blick.

»Ja, Hermann, mag sein, dass sich das als Irrtum erweisen wird, aber - ich weiß nicht, warum - ich bin davon überzeugt. Ich glaube oder fühle das einfach. Und ich weiß genauso, dass wir Christine morgen sehen werden. Also esse ich jetzt in aller Ruhe.«

Hermann lächelte und führte das Glas zum Mund. »Du hast schnell gelernt.«

Beach Party

Mit dem großen Zeh des rechten Fußes malte sie Striche in den Sand. Malte, wischte mit der Sohle wieder aus, malte erneut. Sie griff in den hellen Sand und ließ anschließend die Körner aus der erhobenen Faust auf ihr Gemälde rieseln. Sie glättete wieder mit einer Wischbewegung den Grund. Der neue Strich war nicht gerade, sondern die Linie beschrieb einen ungleichmäßigen Bogen, knickte spitz ab, beschrieb einen zweiten Bogen. Das würde ein Herz werden. Christine hielt inne und starrte einen Moment auf das unfertige Bild. Mit einer heftigen Bewegung schaufelte sie mit dem Fuß Sand auf das Werk.

Sie schaute auf. So warm es auch war, der Tag war noch jung. So blickten ihre Augen geradewegs in die noch tiefstehende Sonne.

»Scheißtag!«, brummelte sie. Das Mädchen hatte die letzte Nacht schlecht geschlafen. Die Ankunft der Gefährten gestern war nicht ganz unerwartet gewesen. Sie hatte Costas nach dessen Rückkehr aus Gerolimin geschickt befragt; und danach war klar, dass die vier nun wussten, wo sie war. Es war nur eine Frage von ein oder zwei Tagen gewesen, wann die Freunde kämen. Sie hatte also Zeit, sich darauf einzustellen.

Und dennoch hatte sie der Augenblick, an dem sie die typischen Geräusche der Boxermotoren in den Gassen hörte, in tiefe Nervosität gestürzt, die ihr den Schlaf der letzten Nacht genommen hatte.

Was wird Troels sagen? Es war so schnell vorbeigegangen. So erschreckend schnell. Ein romantischer Wuschelkopf, der ihr nichts als Romantik gab oder geben konnte. Warum hatte sie das nicht eher bemerkt? Der Gedanke, durch eine kleine List ein paar Tage mit diesem Traumjungen zusammen zu sein, hatte sie begeistert und fasziniert, hatte ihren Geist eingenommen und für andere Wahrnehmungen blockiert. Wie hatte sie die wenigen Tage ersehnt - und wie ernüchternd verlief schon der erste Tag ohne Jakob! Christine musste urplötzlich feststellen, dass keiner mehr zugegen war, mit dem sie diskutieren konnte. Die kleinen, so scheinbar nebensächlichen Fachsimpeleien über Reisen oder Menschen oder Länder fehlten ihr. Und es war erschreckend, wie wenig Troels auf ein solch einfaches Bedürfnis reagierte. Von einem Tag auf den anderen sah das Mädchen in dem ange-himmelten Jungen nur noch einen naiven, leeren Narren in einer blendenden Schale. Ja, sie gestand sich ein, dieses Bild war unfair und der Situation tatsächlich nicht gerecht. Man konnte mit dem Dänen sehr wohl ein ernstes Wort reden, aber nicht in der Form und vor allem nicht über die Themen und Probleme, die ihr am Herzen lagen. Es war ernüchternd gewesen. Sie wusste, dass ihre Enttäuschung eigentlich nicht angemessen war, aber - sie war halt so tief enttäuscht gewesen, dass sie sich zu ihrem plötzlichen Entschluss, allein weiterzureisen, hinreißen ließ. Ja, jetzt sah sie die Sache etwas anders, etwas klarer. Aber an ihrer grundsätzlichen Einstellung zu Troels konnte das nun nichts mehr ändern. ›Troels war eine Enttäuschung!‹, stellte sie nochmals fest, ohne damit erfolgreich gegen ihr schlechtes Gewissen ob ihres plötzlichen, heimlichen Aufbruchs ankämpfen zu können. Würde er überhaupt noch mit ihr reden? Reden können?

Christine kniff die Augenlider zusammen. Jetzt konnte sie die in dem natürlichen Hafen liegenden Boote besser erkennen. Zumeist erkannte sie Ruderboote, die an Bojen vertäut waren, an denen bis vor ein oder zwei Stunden noch die Fischerkähne festgemacht waren.

Christine ließ den Oberkörper nach hinten in den Sand kippen. Sie schloss die Augen. Alles drehte sich.

Und Jakob?

Christine schleuderte eine Handvoll Sand von sich.

Hajo würde sie für verrückt erklären. Sie fürchtete das, was er ihr sagen würde – egal was es sein würde. »Scheißtag!«, fluchte

Chris wieder leise. Sie kochte innerlich, ihm letztlich einen solchen Triumph zu servieren. Wasser auf seine Mühlen! Romantik, ha! Und doch - er hätte nicht Recht. Aber sie würde nicht darüber diskutieren können. Hajo hatte die besseren Argumente auf seiner Seite. Also hielt sie es für besser, jede Gelegenheit zur Diskussion mit Hajo zu vermeiden, ihm am besten aus dem Wege zu gehen.

Der Wind frischte ein wenig auf. Christine hörte das Rascheln der Blätter in den wenigen Bäumen um die Cafe-Baracke einige zehn Meter hinter ihr.

Hermann würde sie verstehen - wenigstens ihre Gefühle. Doch Schelte würde sie sich einfangen ob ihres heimlichen Verschwindens. Aber - trotz seiner dann und wann väterlichen Verhaltensweisen - ganz so energisch und damit gefürchtet konnten seine Strafpredigten nicht sein. Da war Christine sich ganz sicher. Sie freute sich, Hermann wiederzusehen.

Mehr unbewusst hatte das Mädchen statt einfacher Striche eine Buchstabenfolge in den Sand gemalt. ›Jakc‹ - sie hatte mitten im ›o‹ abgebrochen. Sie hob den Fuß, um zu radieren, hielt wieder inne, starrte auf das Fragment. Sie wollte es nicht wahrhaben, sehnte sich danach, stieß den Gedanken wieder von sich. Gerade Jakob, den sie viel weniger beachtet hatte. Bei all dem Spaß, den sie mit Troels auf den gemeinsamen Motorradtouren hatte, war es Jakob gewesen, der mit seiner Umsichtigkeit der Führer des Trios gewesen war. Er gab ihr die Sicherheit, die sie als Sozia unbewusst so dringend benötigte. Troels mit seiner etwas ungestümen Fahrweise flößte ihr in den Tagen ›nach Olymp‹ häufig Angst ein. Jetzt erst wusste sie, wie wohltuend Jakobs Ruhe wirkte, wie sanft und abgeklärt er mit Chris ihre oder auch seine Probleme besprechen konnte. Ohne mit dem Finger zu zeigen oder mit der Sprache zu deuten, hatte er sie auf die Kleinigkeiten am Straßenrand aufmerksam gemacht. Auf Kleinigkeiten, die die Verbindung zu den Menschen und dem Leben in dem Land, das sie bereisten, erst herstellten.

Jakobs Berührungen, gleich ob geistiger oder körperlicher Art, waren zurückhaltend und behutsam, auch zärtlich, wenn man es so nennen wollte. Und genauso zurückhaltend und behutsam hatte sie sein Gefühl für Romantik gespürt; nicht so deutlich und ausgeprägt wie bei Troels, nein, eher wie einen sanften Hauch. In Gedanken sah und fühlte sie sich eng an Jakob gedrückt auf dem Motorrad sitzen, ihre Arme um seine Seiten geschlungen. Die für sie beste bildliche Darstellung von Zweisamkeit und gemeinsamem Er-Leben. Welch befriedigender Gegensatz - die Aufregung und der Nervenkitzel des Motorradfahrens und in den Armen den himmlische Ruhe ausstrahlenden Dänen.

Wieder hörte sie das vertraute Motorengeräusch. Jakob! Christine öffnete die Augen und blickte sich um. - Nein, doch nicht. Markus drehte nochmal den Motor hoch, Sand spritze am Hinterrad auf. Dann war er schon auf Christines Höhe. Die Maschine rollte aus.

»Wir treffen uns heute Mittag bei Inger!«, rief er. »Bist du dabei?«

Chris zuckte mit den Schultern.

»Na komm, Mädchen! Lass dich jetzt bloß nicht hängen. Oder bekommst du Angst vor deiner eigenen Courage?«

»Hm.« Chris nickte mit dem Kopf.

»Na komm! Du weißt, dass es irgendwann sein muss. Und zwar möglichst schnell. Oder gilt all das, was du vorgestern noch sagtest, heute nicht mehr?«

Wieder der traurige, mutlose Blick des Mädchens. »Nein. Du hast ja Recht. Du weißt, ich wünsche es mir ja sogar. - Aber einfach fällt's mir nicht. Verdammt nochmal, es ist schwer.«

Markus stand mittlerweile neben ihr und gab ihr einen Stoß in die Rippen. Verständnisvoll blickte er sie an. Ein Lächeln huschte über ihr Gesicht. Der Typ ihr gegenüber schaute einfach richtig - ja, »lieb«. Keine Frage, ein Hallodri, aber eine große Hilfe in den letzten Tagen. Zwar hatte Chris in den flüchtigen Gesprächen mit ihm nie ihr unterstes zuoberst gekehrt, doch spürte sie jederzeit, dass Markus verstand, was in ihr vorging. Sie reichte ihm ihre Hand. Markus griff zu und zog sie hoch. Chris sprang auf ihre Füße, zog sich die Jacke über und stieg auf das Motorrad. Körnchen stiebte auf, zurück blieb eine Reifenspur im feuchten Sand.

*

Ingers Haus lag hoch am Rande der steil abfallenden Meeresküste. Vom Wasser führte ein schmaler Pfad zu dem Grundstück hinauf, von dem Dorf erreichte man das Haus über eine Schotterstraße. Costas hatte die Reisenden mit Inger bekannt gemacht. Denn Inger war immer sehr interessiert an Reisenden aus dem hohen Norden.

Inger war Schwedin. Vor etwas mehr als dreißig Jahren lernte sie ihren späteren Mann kennen und folgte ihm in seine Heimat Griechenland. Gemeinsam erbauten sie dieses Haus. In kurzen Abständen gebar sie drei Kinder, einen Sohn und zwei Töchter. Vor mehr als zehn Jahren starb ihr Mann. Inger blieb hier. Sie war mehr Griechin als Schwedin geworden.

Da saß sie; das pausbäckige Gesicht, die kurzgeschnittenen, blonden Haare, die spitzbübisch funkelnden, kleinen, kugeligen Äugelein. In perfektem Deutsch erzählte sie:

»Ich fühle mich hier wohl, sehr wohl. Aber jedes Jahr zu Weihnachten fahre ich nach Schweden. - Nein, nicht des Festes wegen, sondern um meine Rente abzuholen.« Sie lachte. »Um die Jahreszeit ist es hier auch nicht sonderlich schön, also fahre ich dann. Von dem Geld kann ich hier gut leben. Zumal ich nur für mich zu sorgen habe. Meine Kinder wohnen und arbeiten alle in Athen.»

Sie blickte zu Litho und Anna, ihren Töchtern, hinüber, die übers Wochenende zu Besuch gekommen waren. Zwei äußerlich sehr gegensätzliche Frauen. Wie es der Zufall noch unterstrich, wirkte Litho mit ihrem südländisch klingenden Namen auch sehr griechisch - dunkelhäutig und schwarzhaarig -, Anna dagegen schien nicht hierher zu passen - helle Haut und fast hellblonde Haare.

Hajo blickte sich um. Gemessen an dem, was er bisher an griechischen Wohnungen gesehen hatte, wirkte die Einrichtung ausgesprochen mitteleuropäisch. Nicht - wie so häufig schon gesehen - die kahlen, weißen Wände und der blanke Fußboden dominierten. An den Wänden hingen gerahmte Fotografien und Malereien - letztere offensichtlich sowohl aus Ingers Heimat als auch aus Südeuropa. Dazwischen eine tadellos erhaltene Schiffsuhr: ein blitzender Messingzylinder mit weißem Ziffernblatt und schwarzen Ziffern wie Zeigern auf ein quadratisches Stück Holz geschraubt.

Orangefarbene Feldblumen in einer braunen Tonvase zierten die Ablage auf einem schwarzen, kunstvoll mit Schnitzereien besetzten, halbhohen Schrank zu Hajos Rechten. Um die Vase herum in loser Ordnung ab- oder aufgestellt waren eine Tonkanne, ein Kofferradio, ein Glasascher, eine bemalte Bocksbeutelflasche mit einem fürchterlich kitschigen Korkenmännchen, ein kleines Holzpferd, ein Sechserset Schnapsgläschen auf einem Brett, ein

Fläschchen Mückenöl, eine leere Glasvase und eine tragbare Gaslaterne. Der letztere Gegenstand lenkte Hajos Aufmerksamkeit auf die Deckenbeleuchtung. Die Lampe wurde ebenfalls mit Gas betrieben. Offenbar gab es keine Elektroleitung zu diesem Haus.

Auf der gegenüberliegenden Seite des Raumes füllte eine weiß verkleidete Küchenanrichte die gesamte Wandlänge. Gewürzflaschen, Weinflaschen, Obst, Gemüsefrüchte und Küchengeräte standen und lagen darauf ohne erkennbare Ordnung. Ein Fenster gab den Blick zur Landseite frei. Daneben hingen an der Wand Holzgeräte wie Brettchen, Salatbesteck und Schöpfkellen. In einer Raumnische versteckte sich der Herd und der Kühlschrank. Hajo stutzte. Der Kühlschrank war zweifellos elektrobetrieben. Also gibt es doch eine Stromleitung hierher.

Zu seiner Linken stapelten sich Bücher in einem schmalen Regal zwischen zwei Fenstern. Englisch, griechisch, irgendeine skandinavische Sprache - sicherlich schwedisch -, sogar einige deutschsprachige Bücher entdeckte Hajo.

Hinten links in der Ecke stand jedoch die Hauptattraktion des Hauses: ein riesiges Holzfass. Eine Badewanne schien nichts dagegen. Inger kniete gerade vor dem Ungetüm und zapfte eine Karaffe Roséwein ab. Mit dem vollen Gefäß kam sie an den Tisch zurück und schenkte jedem ein. »Prosit!« Alle erwiderten Ingers Aufforderung. Hajo kostete. Nichts zog sich im Mund zusammen. Zwar war auch dieser Wein Retsina, aber so mild und so süffig, dass Hajo geneigt war, ihn eher als mitteleuropäisch einzustufen. Der mit Abstand beste Wein, den er auf der Reise bisher genossen hatte.

»Inger, der Wein ist exzellent!«

»Danke, ... äh ... Hajo?«

»Ja. Hajo. Als Abkürzung für Hansjürgen.«

Inger kostete einen Schluck. Sie hob das Glas in Augenhöhe und blinzelte in die klare, leicht rötliche Flüssigkeit.

»Den habe ich selbst angesetzt. Ich mache ihn nach meinem eigenen Rezept.«

»Schmeckt dir der hiesige Wein denn nicht?«

»Doch, schon.«

»Und warum machst du dir dann deinen eigenen Wein?«

»Jeder hat hier seinen eigenen Wein. Jedes Jahr im Herbst füllt ein jeder sein Fass oder seine Fässer mit neuem Wein. Aber, du hast schon irgendwie Recht. Mein Wein ist im Dorf besonders beliebt. Aber nicht nur wegen seines ungewöhnlich lieblichen Geschmacks. Vor allem um diese Jahreszeit ist er sehr begehrt und ich bekomme häufiger Besuch. ›Ja, Inger, dein Retsina ist der beste, den es gibt‹, schwärmt so mancher Fischer. Denn sein Fass daheim ist dann leer, weil er im Winter nicht sparsam genug mit seinem Wein umgegangen ist. Und die Burschen wissen: Inger schafft's als einzige ohne Trockenstrecke bis zur nächsten Weinlese.«

Die Schwedin lachte verschmitzt.

»Ja, ja, die Fischer und der Wein.«

Spitzbübisch blickte sie Costas von der Seite an. Der schaute - erstaunlich genug - verlegen wie ein kleiner, ertappter Junge in eine andere Richtung. Offenbar behagte ihm die Richtung, die das Gespräch nun zu nehmen schien, nicht. Er hob sein Glas, prostete jedem zu und nahm einen Schluck. In seinem gebrochenen Englisch wandte er sich an Hajo, der ihm am nächsten saß:

»Jammers, mein Freund! So jung kommen wir nie wieder zusammen.«

»Recht hast du, Costas«, mischte sich Inger ein. »Es gibt Tage, an denen bist sogar du gut zu gebrauchen. Schaut einmal her! Costas hat uns einen wunderbaren Fisch gefangen.«

Tatsächlich, ein Mordsfisch, den Inger da hochhielt. Costas hatte ihn am Nachmittag harpuniert.

»Den werden wir jetzt als zweiten Gang nach dem Huhn in Curry zubereiten.«

Daraufhin wurden sie und Litho in der Kochecke aktiv.

Die Veranda des Hauses lag im Mondlicht. Es war hell genug. Der angenehm warme Wind trug das Rauschen der Wellen von der Kante des Steilhanges herüber. Leise tönte Musik aus einem Koffer-radio. Auf oder vor der Terrasse saßen die alte und neuen Freunde in einzelnen Gruppen. Hajo unterhielt sich angeregt mit Costas.

»Du fährst jeden Tag hinaus?«

»Ja.«

»Und du kannst gut davon leben?«

»Ja, es geht recht gut. Ich fühl mich wohl.«

»Schön. - Wie viel fängst du denn so pro Tag?«

Hajo bekam zunächst keine Antwort. Der Grieche zögerte mit einer Antwort. Die gab dafür Inger, die sich einschaltete:

»In der Hochsaison so zwei bis drei pro Woche. Junge Damen. Unser lieber Costas fängt keine Fische mehr, sondern ist Reiseunternehmer auf seinem eigenen kleinen Kahn.«

»Ach, lass das Inger!« Das Thema behagte dem jungen Fischer nicht. Inger lachte. Offensichtlich wollte sie ihn aufziehen.

»Ja, Hajo, seinem Vater ist dieser Erfolg seines Sohnes gar nicht recht. Er sähe seinen Sohn lieber arbeiten, richtig arbeiten, wie er es versteht. Dabei liegt sein erfolgreicher Sohn lieber mit einer blonden Engländerin oder Deutschen auf einer der Inseln da draußen.«

»Komm, lass doch!« Costas hatte ein schlechtes Gewissen. Dabei hätte er nach Hajos Ansicht sich gar nicht auf dieses Thema einlassen brauchen. Denn Inger hatte ihn wohl nur ärgern wollen. Und sie hatte - wer weiß zum wievielten Mal - mitten ins Schwarze getroffen.

Christine hockte mit Jakob in einer Ecke, die Köpfe eng beieinander, gestikulierend, flüsternd.

»Es tut mir so unendlich leid, Jakob.« Vorsichtig schob sie ihre rechte Hand zu ihm hinüber und legte sie auf seinen Oberschenkel. Jakob reagierte nicht auf die Berührung. Nach wie vor blickte er Chris sanft an, blieb stumm.

»Ich bin froh, dass du - natürlich auch die anderen - hier bist. Ich hatte Angst davor und habe mich doch darauf gefreut. Verstehst du das?«

Jakob nickte stumm. Christine wartete auf ein gesprochenes Wort. Doch der Däne blieb stumm. Tränen sammelten sich in ihren Augen.

»Ich habe es doch selbst vorher nicht gewusst.«

»Was gewusst?«

Endlich eine gewünschte Reaktion. Christine fiel eine schwere Last vom Herzen.

»Dass es falsch war, mit Troels alleine zu reisen«, antwortete sie erleichtert. Jakob zog die Augenbrauen hoch und erwiderte nur ein - ja, ein resignierend scheinendes »Hm«. Christines und Troels' Komplott hing ihm mehr nach, als es das Mädchen bisher bemerkt hatte. Gedanken schossen Christine wie Streiflichter durch den Kopf. Dieser Junge mit seinem großen Herz gräbt sich ein, zieht sich wie ein Igel in einen schützenden Stachelkokon, wie eine Schildkröte in einen Panzer zurück. Er wehrt sich nicht gegen einen Angriff, er weicht aus. Er reibt sich nicht, er ist glatt wie ein

Aal. Er resigniert. ›Mensch, du verdammter Idiot, ich sitze hier, weil ich dich liebe! Und was machst du? Du schmollst!‹

Christine sah ihn traurig an. Jakob wich ihrem Blick aus. Kein Wort fiel. Die stummen Augenblicke krochen wie Ewigkeiten. Jakob starrte den Mond an. - Wie ein herrenloser Hund, dachte Christine. - Langsam wanderte sein Blick zu dem Mädchen.

›Wirklich wie ein Hund. Warum schaut er mich so hilflos an? Wo ist der Jakob, der mir auf dem Balkan die Sicherheit gab?‹ Christine erwiderte seinen Blick. Noch immer lag ihre Hand auf seinem Bein. Langsam schob sich seine Hand auf die ihre. Ganz langsam. Christines Hand blieb ganz ruhig, doch glaubte sie, dass sie in diesem anhaltenden Kribbeln ein- oder zweimal in heftigem Zucken ihre Hand leicht zurückgezogen hätte. Täuschung der Sinne!

Zufrieden beobachtete Hermann in der gegenüberliegenden Ecke der Veranda neben Inger sitzend das Paar. Der Wind streichelte sein zerzaustes, schütteres Haar. Er saugte das beruhigende Rauschen und die abkühlende Wärme in sich auf, gewürzt durch den Salzgeschmack auf seinen Lippen. Die Beine über Kreuz weit und gerade von sich gestreckt, den Oberkörper entspannt an die Hauswand gelehnt, Hermann ging es gut. Er genoss. Und wieder dieses Gefühl ohne jeden Anflug von Trauer: ... gemeinsam mit Lisa ... Seine Sinne überlagerten das Bild des jungen Paares auf der anderen Terrassenseite mit einer Vision. Dann kam im nächsten Moment die Realität auch schon zurück. So hätte er sich die Reise niemals vorstellen können. Griechenland, dieser eigentlich abstrakte Begriff, diese Visualisierung von Schönheit, Sonne, Strand, romantischen Beschreibungen - das alles traf zu und stimmte nicht - das alles war egal. Griechenland waren für ihn Menschen, diese Menschen. Eine alte Schwedin, ein junger, mit den Traditionen unzufriedener Fischer, zwei junge dänische und ein deutscher Motorradfahrer, Reisende wie er selbst. Das war dieses Persönlichkeit ausstrahlende Haus mit dem riesigen Fass. Das war die Geschichte eines Mädchens, das mit ihrem ungestümen Verhalten ihm dieses Erleben erst ermöglicht hatte. Und das war Istanbul - eigentlich das Tor zum Orient und Pulsader eines von den Griechen als feindlich gesonnenen Landes. Hier fehlt noch Ibrahim! Klar, und das war das gemeinsame Erleben mit Hajo. Hajo hatte Hermanns Begleitung von Anfang an für eine Verrücktheit gehalten und sich aus einer zunächst unverständlichen Hilflosigkeit in das eigentlich Vermeidbare gefügt. Und dieser Junge war nun zweifellos froh über seine Begleitung und hatte Hermann als Freund akzeptiert. Griechenland war auch das Reifen des Jungen; seine Sicherheit und vor allem Abgeklärtheit waren gewachsen - und das alles an Hermanns Seite.

So sah Hermann Griechenland.

Die Musik hatte aufgehört. Costas legte eine neue Kassette in den Recorder. Mit Litho und Anna stellte er sich in der Mitte der Veranda auf. Sie wollten einen Sirtaki tanzen. Die Musik begann. Arm in Arm, Costas in der Mitte, setzten sie langsam zum Takt des Saitenspiels. Inger und die jungen Leute klatschten dazu. Die drei Tänzer lachten, doch hatten sie offensichtlich ein wenig Mühe, synchron zu bleiben. Keiner von ihnen war sich in der Schrittfolge sicher. Aber das war egal. Sie schauten angespannt auf ihre Füße, aber sie lachten aus ganzem Herzen. Einen Ausfallschritt vor, eine kurze Kniebeuge mit dem vorderen Bein, ein kleiner Tick mit der Fußspitze des anderen, nach hinten abgewinkelten Beines. Sie richteten sich wieder auf, schnappten vernehmlich mit den Fingern, lachten.

Troels sprang auf, um mitzutanzen. Doch die drei akzeptierten ihn nicht. Sie wollten ihren Gästen wohl ein fremdkörperfreies Spektakel liefern. Sie nahmen ihn nicht ihn ihre Reihe auf. Dabei fand Hajo die Vorstellung gar nicht so lupenrein; Frauen in einer Reihe mit einem Mann - Hajo hatte immer geglaubt, dieser griechische Tanz sei ein reiner Männertanz. Erfunden für Alexis Sorbas ...

Das Musikstück hatte geendet, das nächste begann. Jetzt sollte es jeder probieren - oder probieren dürfen. Christine tanzte zwischen Costas und Jakob. Hermann schmunzelte über das Gestolpere vor seinen Augen. Es dauerte auch nicht lang, da gab zuerst der Däne resigniert auf, kurz darauf auch Christine. Lachend fiel sie neben Jakob auf die Bank.

»Püh! Sieht doch leichter aus, als es ist.« Sie streckte die Beine von sich. »Und was ist mit dir?«, schrie sie zu Hajo hinüber.

»Nee!« Er winkte ab. Christine stellte ihr Glas weg und hüpfte auf. In zwei, drei Sätzen sprang sie zu ihm hinüber, griff seine Hand und zog ihn auf die Tanzfläche. Arm in Arm hopsten sie herum. Ein ähnlich kläglicher Versuch wie der vorhergehende. Jakob, Litho und Markus gesellten sich dazu. In einer langen Reihe zogen sie ihren Kreis. Die Griechen hatten schon längst jeden Versuch, eine korrekte Schrittfolge auszuführen, aufgegeben.

Keinem fiel auf, dass Troels bereits einige Zeit fehlte. Er saß um die Ecke auf den Stufen des Haupteinganges. Sein Glas hatte er auf der obersten Stufe abgestellt. Den Kopf hatte er nach links auf die Schulter geneigt, den Blick nach unten. Ein leichtes Schnarchen war zu vernehmen. Er war eingeschlafen ...

Und nur Hajo bemerkte kurz darauf, dass Chris und Jakob auf dem Weg hinab zum Meer in das Halbdunkel verschwanden. Hermann achtete nicht darauf, denn er schloss dann und wann die Augen, wenn er - warm eingepackt in seinen Norwegerpullover – genüsslich an dem Retsina nippte.

Ausflug

Die kleinen Wellen klatschten gegen die Bordwand des Kahns. Das gleichmäßige, ruhige Schaukeln lud ein, zu dösen und sich in der Wärme der Sonnenstrahlen zu aalen. Dann und wann kühlte eine leichte Brise die Haut. Der Salzgeruch des Meeres mischte sich mit dem Gestank des unter den Planken dumpf tuckernden Dieselmotors. Das Holz übertrug die Vibrationen nach oben; das Kribbeln im Rücken schläferte wohltuend ein.

Hajo öffnete die Augen einen winzigen Spalt und blinzelte in das grelle Blau des Himmels. Er lag auf dem Deck ausgestreckt, das rechte Bein leicht angewinkelt. Langsam drehte er den Kopf nach links. Das grelle Licht wurde stärker; er schloss die Augen vor den beißenden Strahlen der Sonne. Er zog die Arme kurz an. Auf den Ellenbogen stützte er sich ab und richtete den Oberkörper auf. Die Augen wieder einen Spalt geöffnet wandte er den Kopf weiter nach links und blickte nun über die Bordkante hinweg auf den Horizont. Die Strahlen der Sonne brachen sich in den Wasserwellen und blitzten ihn auch aus dieser Richtung an. Für die ersten Blicke seiner leicht verschlafenen Augen immer noch zu starke Lichtspiele, doch dann hatten sie sich an das verspielte Glitzern gewöhnt. Gar nicht weit entfernt tanzte eine Insel auf und ab, und mit ihr tanzte der Horizont.

Glucks! Die Wellen klatschten gegen die Bordwand.

Der Dieselmotor verstummte. Die Stille konzentrierte nun alle Wahrnehmungen auf die Wellen.

Glucks!

Hajo schaute wieder nach vorn. An die Kajütwand gelehnt hockte Hermann und döste; vielleicht lauschte er auch hellwach mit geschlossenen Augen der Musik der Wellen - Hajo wusste es nicht, aber möglich war es, so gut kannte er seinen alten Freund schon. Die Fischerkappe auf Hermanns Kopf - eine Leihgabe Costas' - warf mit ihrem Schirm einen bis auf die Lippe reichenden Schatten auf sein Gesicht; nur die Nase sonnte sich ungeschützt. Schnarchte Hermann? Für einen Augenblick hörte es sich so an. - Nein, Hermann brummte eine Melodie versunken vor sich hin, mal mehr, mal weniger gut vernehmlich.

Glucks!

Auf dem Vorderdeck legte Costas eine Menge Aktivitäten an den Tag: Schweres Tau von rechts nach links. Plane vom Bug zur Kajütenwand. Deckel einer Kiste auf. Harpune aus der Kiste nach links. Taucheranzug aus der Kiste nach rechts. Flossen nach links zur Harpune. Hemd aus. Hose aus. Rein in den kurzgeschnittenen Taucheranzug. Füße in die Flossen. Brille mit Schnorchel auf die Stirn. Kiste zu. Harpune in die linke Hand.

Das alles konnte Hajo nicht sehen, aber das Schleifen, Kratzen, Klappern, Poltern, Quietschen und Schnaufen vom Vorderdeck konnte er deutlich vernehmen. Und dann kam er angewatschelt - Costas in voller Montur.

»Mein Freund, ich gehe auf die Jagd. Möchtest du nicht mit ins Wasser kommen?«

»Nein, danke.« Hajo winkte ab. Eingepackt in diesen wohlig aufgeheizten Körper jetzt an abkühlendes Wasser denken? Nein, danke. Dennoch sprang Hajo auf die Füße. »Aber zuschauen werde ich schon.«

Costas zog die Brille nach unten und rückte sie über Augen und Nase zurecht, schob das Schnorchelmundstück in den Mund und sprang ins Wasser. Mit kräftigen Beinschlägen schwamm er an der Wasseroberfläche, das Gesicht zum Grund gewandt. Dann hockte er kurz an und stieß senkrecht hinab.

Hajo stand mittlerweile an der Reling. Das Meer war hier nicht tief und das Wasser an sich klar, so dass er ohne Schwierigkeiten dem Taucher mit den Augen folgen konnte. Die Harpune nach vorn gerichtet zog Costas seine Bahn über den Grund. Rechts, links, verschwand unter das Boot, kam wieder hervor, tauchte wieder auf, um Luft zu holen, stieß wieder hinab. Dann war er doch verschwunden; Hajos Blicke konnten die Lichtreflexe der Wasseroberfläche in diesem spitzen Winkel nicht mehr durchbrechen. Dafür sah er etwas anderes: braune, faustgroße Teile schwammen im Wasser. Hajo blickte sich um. Doch nirgends konnte er am Ufer irgend etwas wie ein Einleitungsrohr entdecken. Er schaute wieder auf die braunen Klumpen. Vielleicht wurde irgendwo unterirdisch das Abwasser eingeleitet? Schwer zu sagen. Wie schwimmende Steine tanzte der Dreck mit den Wellen auf und ab. Hajo schüttelte sich.

»Buäh! Schau mal, Markus!«

Drüben auf der anderen Seite hob Markus langsam den Kopf.

»Hast du was gefangen?«

»Nein. Schau doch mal!«

Gemächlich krabbelte Markus auf die Beine und kam herüber.

»Da, im Wasser. Ich kann sie gar nicht zählen, so viele sind es.«

»Was?«

»Na da - Köttel.«

Markus blinzelte, verzog den Mund verekelt. »Scheiße - pardon, viele kleine ›Neger‹.«

»Häh?«

Markus antwortete nicht. Er grinste nur. »Ich wollte sowieso nicht ins Wasser.« Sprach's, und trottete langsam auf die andere Seite, wo er sich wieder in den Schatten der Bordwand legte. Christine kam vom Vorderdeck angesprungen.

»Was gibt's?«

»Da - schau mal!«

Chris hockte nieder, legte die verschränkten Arme auf die Bordwand und stütze ihren Kopf darauf. Sie blinzelte ins Wasser.

»Buäh!« Dabei ließ sie die Zunge aus dem Mund hängen. Sie überlegte eine Zeitlang. Dann löste sich ein Arm aus der Verschränkung und hing an der Bordaußenwand hinunter. Christine richtete sich etwas auf und beugte sich weiter vor. Die Hand plätscherte durch die Wellen. Ein brauner Klumpen tanzte vorbei. Christine griff zu und fischte ihn heraus.

»Du bist ein Ferkel, Chris!«

Das Mädchen lachte. »Da, schnapp!« Blitzartig schnellte ihre Hand vor. Hajo ging in Deckung. Aber sie warf nicht.

»Feigling.«

Mit funkelnden Augen grinste sie, wandte sich dann wieder ihrem Fang zu. Der anfängliche Ekel war Neugier gewichen. Die Bewegung ihrer Finger wurde sicherer. Sie puhlte etwas in dem Klumpen, dann brach sie ihn auf.

»Das ist irgendetwas anderes«, brummte sie. Nur die Oberfläche des Drecks war braun. Im Innern war der Klumpen schwarz und klebrig. Sie schaute aufs Wasser hinaus. Costas tauchte auf.

»Hei, Costas!« Sie winkte ihn zum Boot. Mit kraftvollen Beinschlägen schwamm der Grieche zurück. Er zog sich an der Bordwand hoch und blickte auf das Deck. Christine hielt ihm den Klumpen hin.

»Was ist das?«

Costas verzog den Mund. Mit einem kurzen Ruck stemmte er sich auf die Wandkante. Dann war er auf dem Deck. Er zog die Brille vom Kopf.

»Sieh dir einmal die Felsen an!« Er zeigte auf die Küste. Die kleinen Felsen dort waren zweifarbig. Oben natürlich braun-grau und unten, so ein bis zwei Meter breit über der Wasseroberfläche, schwarz.

»Im letzten Herbst ist draußen ein Tanker havariert. Es wurde viel Öl angeschwemmt. Wir haben etwas reinigen können, aber das war noch viel zu wenig. Und das dort in deiner Hand ist auch Öl.«

»Na, Costas, etwas gefangen?«, fragte Hermann aus dem Hintergrund. Hajo übersetzte.

»Nein.« Costas setzte brummelnd die Brille wieder auf. »Aber ich werde gleich etwas erwischen.«

Platsch! Er schwamm wieder im Wasser. Tatsächlich, nur wenige Minuten später tauchte er wieder auf und hielt stolz die Harpune mit einem kapitalen Fisch in die Höhe. Wieder an Bord nahm der Grieche den Fisch direkt aus. Fasziniert und gleichzeitig angeekelt schaute Christine ihm dabei zu. Als Costas ihr die entnommenen Eingeweide in die Hand legen wollte, war der Ekel stärker: Chris schüttelte sich und versteckte die Hände hinter dem Rücken. Costas schmiss die Teile in weitem Bogen in das Wasser.

Nur wenig später warf er den Motor wieder an, und sie verließen die Bucht.

Sie tuckerten zu der Insel hinaus. Vor ihrem feinen, hellen Strand war das Wasser sehr seicht. Das Boot hatte keinen großen Tiefgang, dennoch musste Costas recht weit draußen den Anker werfen. Mit dem Ruderboot ruderten alle bis auf Hermann an den Strand.

Chris und Jakob sprinteten Hand in Hand am Wasser entlang. Das Haar des Mädchens flatterte wild im Wind. Ihr lautes Lachen konnte Hajo noch hören, als die beiden schon mehr als hundert Meter entfernt waren. Er blickte ihnen noch nach, als sie hinter einer Gebüschwand an einem sichtgeschützten Teil des Strandes verschwanden. Er atmete tief durch und fingerte nach einer Zigarette. Irgendwie hatte er sich im Augenblick der Trennung in Thessaloniki seine Rolle auf dieser Reise anders vorgestellt. Doch abgesehen von dem kurzen Flirt mit einer der CONTIKI-Ladies in Istanbul und dem Erlebnis in der Grotte hatte er keinen rechten Blick für hübsche Mädchen. Warum eigentlich nicht? Nun ja, es ergab sich ja keine rechte Gelegenheit. Aber war das alles?

Er warf die frisch angezündete Zigarette ins Wasser. Sie schmeckte nicht. Er drehte sich um, ging noch einige Schritte und blieb neben dem im Sand liegenden Costas stehen. Er zog das T-Shirt aus und legte sich neben ihn.

»Nun, mein Freund?« Costas sprach ihn an, ohne die Augen zu öffnen. »Ist das nicht ein wundervoller Tag?«

»Hm. Eigentlich schon.«

»Häääh - eigentlich schon«, äffte Costas nach. Er öffnete die Augen. Mit der Hand griff er in Hajos Haar und schüttelte seinen Kopf freundschaftlich zwei-, dreimal hin und her. »Das ist ein schöner Tag, mein Freund.« Und er betonte das ›ist‹ nachdrücklich. »Schau dir den blauen Himmel an! Nur für dich! Und das Grün des Wassers: nur für dich. Darfst du nie vergessen! Immer daran denken.«

Hajo lachte, halb in Resignation, halb mit neuem, alten Mut. »Und was habe ich davon? Ich liege hier auf einer Insel, auf der nichts los ist. Das einzige, das hier passiert, passiert ein Gebüsch weiter. Als geschlossene Gesellschaft.«

»Als was?«

»Oder wie das sonst im Englischen heißen mag. Ist auch egal. Ich hab's halt nicht so mit Sonnenbaden. - Ich bin unruhig.«

»Was heißt schon unruhig. Du bist blöd. Wie lange bist du jetzt hier?«

»Hier in Methoni?«

»Ja.«

»Knapp eine Woche.«

»Und mit deinem Geist?«

»Wie?«

»Nun, mit deinem Körper bist du seit einer Woche hier. Aber ist dein Geist auch nachgekommen? Er irrt, so scheint es, noch immer irgendwo umher.«

Hajo sah ihn sprachlos an.

»Wäre er auch solange hier, wärest du ruhiger. Warum lässt du ihn nicht zur Ruhe kommen? Rufe ihn her und halte ihn hier.«

Hajo schaute noch immer sprachlos. Costas nahm's zur Kenntnis, zog sich die Mütze leicht ins Gesicht und legte sich wortlos wieder zurück.

»Schließe deine Augen und höre! Höre, wie das Geräusch der Wellen in dir anklopft und dich weckt! Höre!«

Hajo verzog die Miene, erwiderte aber nichts. Er legte sich zurück und schloss die Augen. Er lauschte dem Klang des Meeres. Das Rauschen wurde laut, dann wieder leiser - Hajos Gedanken drängten es wieder zurück. Das ferne Rauschen kam wieder näher. Die Gedanken hatten große Schwierigkeiten, sich gegen den herannahenden Feind zu formieren. Sie bildeten wieder eine klare Einheit, dann zerschlugen die Wellen sie wieder. Der Kampf wogte hin und her. Ein letztes Aufbäumen - dann spülten die Wellen die letzten Gedankenspitzen fort. Das Rauschen wurde eingehüllt in eine unendliche Stille. Hajo versank.

Aufbruch

Die Tage vergingen. Ruhe war eingekehrt.

Christine und Jakob verbrachten jede freie Minute miteinander. Sie lagen am Strand oder unternahmen gemeinsam mit Troels dann und wann eine Motorradtour in die nahe Gegend. Die Spannungen in diesem Trio hatten sich wie Atem im Wind verflüchtigt

Costas ging wieder mehr und mehr seine eigenen Wege. Vorgestern waren zwei Engländerinnen in einem klapprigen Mini angekommen - seitdem hatten unsere Freunde den Griechen kaum noch zu Gesicht bekommen. Er und sein Boot schienen wie vom Erdboden und von der Wasseroberfläche verschwunden.

Hermann genoss das Wetter und die Ruhe. Die meiste Zeit verbrachte er in oder hinter Ingers Haus. Das schattenspendende, kühle Innere des Hauses tat ihm von Zeit zu Zeit gut, sehr gut. Und Inger war eine angenehme, ja weise Gesprächspartnerin. Es war das erste Mal, nicht nur auf dieser Reise, sondern auch das erste Mal seit langer Zeit, dass Hermann einen Freund hatte, mit dem er sich nicht nur einfach unterhalten konnte, sondern der ihm noch eine Menge für ihn selbst Wichtiges zu sagen hatte. Hermann fühlte sich geborgen. So akzeptierte er dann auch vollkommen überglücklich, als Inger ihm eine Kammer anbot, nicht teurer als die Übernachtung auf dem Campingplatz, aber um so vieles angenehmer.

Hajo und Markus entdeckten in diesen Tagen viel Sympathie füreinander. Sie kamen gut miteinander aus, waren sich sehr ähnlich, wie sich zeigte. Auch wenn Markus in allem etwas reifer war. Sie konzentrierten ihre gemeinsamen Unternehmungen auf das Dorf und seine Bewohner. Nein, keine Unternehmungen im eigentlichen Sinn, vielmehr taten sie möglichst häufig nichts. Sie liebten es, sich irgendwo im Dorf vor einem Restaurant oder einem Cafe niederzulassen, die Menschen zu beobachten, mit ihnen zu schwatzen, in ihre Runden aufgenommen zu werden. So lernten sie jeden von ihnen kennen: Nikos, der sieben Jahre in Deutschland als Bergmann gearbeitet hatte, um dann hierher zurückzukommen, eine Autoreparaturwerkstatt zu eröffnen und als wohlhabender Mann zu heiraten; Lakis, den Blinden im besten Mannesalter, bei dem sich niemand sicher war, ob er wirklich nichts sehen konnte; Dimitros, der voller Stolz jedem Fremden berichtete, dass niemand im Dorf so viele Kinder gezeugt hatte wie er, worauf jeder zuhörende Grieche ehrfürchtig lächelnd nickte.

Markus wollte den Süden verlassen. Er wollte noch einige Tage wieder nach Korfu, um dann von dort mit der Fähre nach Ancona überzusetzen. Hajo wäre gern mitgefahren. Er hatte das erste Mal auf dieser Reise das Gefühl, mit einem gleichartigen Partner zusammen zu sein. Kein riesiger Altersunterschied, keine zwischengeschlechtlichen Spannungen, der gleiche Kulturkreis, die gleiche Sprache, die gleichen Interessen. So stellte Hajo sich einen Freund vor. Und so hätte es mit Peter sein können, der jetzt zuhause mit einem Gipsbein lag. Hajo wäre gern mitgefahren.

»So tu es doch!« Hermanns Antwort verblüffte ihn.

»Wie?«

»Ja. Tu es doch! Es spricht doch nichts dagegen.«

»Du meinst, ich allein - ohne dich?«

»Klar.«

»Und du bleibst allein hier zurück?«

»Hmmm!«

Hermanns Zustimmung klang melodisch und genüsslich.

»Ich fühle mich hier sauwohl und mag gar nicht so gern weiter-reisen. Dies ist genau der richtige Ort für mich. Und sicher auch der richtige Mensch, um mich mit jemandem zu unterhalten. Inger meine ich. Nein, nicht was du jetzt vielleicht denkst. Das ist für mich unwichtig geworden, zumindest im Augenblick. Es sind ganz einfach unsere Gespräche. Inger ist ein weiser Mensch. Es ist sicher schwer, einem alten Menschen wie mir in Gesprächen noch richtungsweisend etwas zu geben. Aber Inger kann das. Ich möchte den Rest meines Urlaubs hier und nirgendwo anders verbringen. Aber ich kann natürlich nur für mich sprechen. Christines Meinung musst du bei ihr selbst einholen. Aber da sollte es eigentlich erst recht kein Problem geben, oder? Und nach einige Tagen auf Korfu kommst du hierher zurück. Ist zwar kein Katzensprung, aber auch keine Weltreise.«

Und er sprach mit Chris. Gäbe es eine Steigerung von egal, auf Christines Meinung hätte man sie anwenden können. Es war ihr einfach egal. Egal, ob Hajo da war oder nicht. Egal, was Hermann darüber dachte. Egal, wann Hajo wieder da sein wollte – Haupt-sache rechtzeitig zur Rückreise. Egal, wohin er reisen wollte. Es interessierte sie einfach nicht.

Hajo hätte dieses Verhalten recht sein können. Aber wütend feuerte er seine gepackten Sachen in den Bus. »Scheißtöhle!«

»Tschüss, Hajo!«, schrie Christine und winkte vom Rücksitz des Motorrades. Aber Jakob machte ihr einen Strich durch den schnellen Abschied - er hielt an. So gaben sie sich alle noch einmal die Hand. Dann brausten Jakob, Christine und Troels zu einem Tagesausflug davon. Es sollte das letzte Mal gewesen sein, dass Hajo Christine auf dieser Reise sah.

Hermann kam von Ingers Haus herüber.

»Ich habe noch etwas für dich. Öffne ihn aber bitte nur, wenn du ... - Nein. Du wirst schon wissen, wann du ihn zu öffnen hast.«

Freudig lächelnd reichte er ihm einen verschlossenen Brief-umschlag. Der Alte drückte den Jungen herzlich, ohne jeden Anflug von Trennungsschmerz oder Wehmut. Hajo ging es

genauso. Jeder gönnte dem anderen die paar Tage Ruhe und
Alleinsein.

»Mach's gut, Alter! Bis dann.«

Der Motor rasselte los. Hajo hupte noch einmal. Wie bei der
Ankunft folgte er auch nun der blauen BMW. Tschüs, Methoni!

Korfu

»Ah!« Der Seufzer kam aus tiefstem Herzen. Hajo wischte sich den
Mund mit dem Handrücken ab und stellte die halbleere Bierdose
auf eine der beiden Motorradpacktaschen.

Zzzsscchhhhh! Markus öffnete bereits seine zweite Dose. Er
schien seine Kehle auf 'Durchlauf' geschaltet zu haben. Schluck-
bewegungen waren nicht wahrzunehmen.

»Schaut gut aus hier.«

Hajo ließ seine Blicke kreisen. Der Campingplatz war nur zur
Hälfte belegt. Zum Teil recht hohe Bäume spendeten wohltuenden
Schatten. Im Hintergrund, nicht weit entfernt, konnte man an
einem Hang die Strohdächer kleiner, runder Hütten sehen, die
offensichtlich ebenfalls zu der Anlage gehörten. Links daneben
stand ein normales Haus, das eine Bar oder etwas ähnliches
beinhaltete. Von Hajos Standplatz aus gesehen davor befand sich
ein flaches Gebäude mit den sanitären Einrichtungen.

Markus kramte in seinem Seesack herum und zog das Zelt
heraus. In dem verpackten Zustand war es eine Rolle, die ungefähr
zwei Drittel des Sackes eingenommen hatte. Er zerrte aus der Zelt-
rolle das Überzelt hervor und ließ es wie auch den Zeltsack achtlos
auf den Boden fallen. Sein nächster Griff ging in das Unterfach des
Tankrucksacks und förderte eine Tabaksdose hervor. Sein Inhalt
war jedoch alles andere als Tabak. Rasierklingen, Draht, ein paar
Schrauben, ein Stück Bindfaden, Nähzeug, ein kleiner Kompass,
ein Einweg-Feuerzeug.

»Mein Allzeit-Bereit-Päckchen«, schmunzelte er und fingerte
das Nähzeug heraus. »Muss gerad' mal was reparieren«, murmelte
er und hockte sich direkt am Fuße eines Baumes auf seinen Helm.
Dann begann er, den Durchsteckring für die vordere Zeltstange

wieder festzunähen. Er war, vielleicht bei einem Sturm, bereits bis zur Hälfte ausgerissen. Nach zehn Minuten war die Arbeit beendet.

»Hey! Donny Dondon!« Eine Mädchenstimme gellte über den Platz. Hajo fuhr herum. Auf der gegenüberliegenden Seite stand ein Mädchentrio und blickte in Richtung des Sanitärhauses. Von dort winkte ein junger, nicht sehr großer Mann ihnen zu. Ihn hatte die Ruferin wohl gemeint.

»You're alright?«

»Yeah, I am!«, war die Antwort des Gefragten. Dann lief er auf die drei zu.

Hajo musterte die Mädchen. Blond, eine wie die andere. Lange, glatt fallende Haare bei jeder. Die linke fiel ihm besonders auf: etwas größer als die beiden anderen, lange, etwas staksige Beine, eine Stupsnase. Hajo schluckte. Abgesehen von diesen offensichtlichen Eigenschaften war sicher keine Ähnlichkeit erkennbar, und doch ...

»Ein hübscher Anblick, hm?« Markus schaute spitzbübisch.

»Hm«, stimmte Hajo karg zu und lachte, doch sein Lachen hatte einen leicht gequälten Ausdruck. Er wandte sich ab, um Markus beim Zeltaufbau zu helfen. Doch zwischendurch schweifte sein Blick dann und wann zu dem Zelt auf der anderen Seite ab.

›Verdammt nochmal, ich weiß nicht, wie er das macht!‹, dachte Hajo. Markus war nur einmal kurz weggegangen, um Wasser zu holen - er kam in Begleitung der drei Mädels zurück.

»Unser Besuch möchte sich mal das Motorrad ansehen«, sagte er augenzwinkernd.

»Hey, I'm Jo.«

»And I'm Jenny.«

»I'm Bee.«

»Australierinnen«, ergänzte Markus.

»Hajo.« Hajos Antwort war freundlich und knapp. Er hob dabei die Hand zu einem flüchtigen Gruß. Er musterte die drei. Seine erste Aufmerksamkeit galt wieder der größten. Sie war fast gleichgroß mit ihm. Ihre helle Hautfarbe - fast weiß, ein wenig gerötet - zeigte, dass sie ein Rot-Typ war, sicherlich mit erheblichen Problemen bei längerem Aufenthalt in der Sonne. Hajo starrte ein wenig lang auf ihre langen, schlanken Beine - er fühlte sich ertappt, als ihm diese lange Dauer bewusst wurde und hastig kurz in eine andere Richtung ins Leere schaute. Sein Blick schweifte aber unweigerlich zu dem Mädchen zurück. Trotz T-Shirt erkannte er sofort, dass sie einen sehr kleinen Busen haben musste. Und ihr Gesicht - eigentlich keine sonderliche Schönheit, die Stupsnase, der etwas große Mund, die für Hajo jetzt beinah selbstverständlichen Sommersprossen. Doch ihre kecken, blauen Augen rundeten das Bild in seiner Wirkung auf Hajo ab. Dieses Mädchen faszinierte ihn.

»Bee - ist das dein richtiger Name?«

»Nein«, antwortete sie. »Mein Spitzname. Wie das kleine Tier.«

Also zu gut deutsch Biene. Sie war wohl die jüngste in dem Trio. Vielleicht achtzehn.

»Und du hast einen Männernamen, Joe?«

»Nein.« Die zweite lachte. »Jo, ohne ›e‹. Von Joanne. Ich bin übrigens Bees Schwester.«

Sie war objektiv gesehen zweifelslos die hübscheste. Ein weiches Gesicht mit einer zarten, leicht gebräunten Haut deutete nicht auf die besagte Verwandtschaft hin. Und sie war die kleinste der drei. Ihr Körper machte den am besten proportionierten Eindruck. Die Beine schlank und nicht zu lang. Sie war absolut betrachtet nicht klein - vielleicht einsneunundsechzig. Und sie schien die älteste zu sein - um die zweiundzwanzig. Ihre Stimme klang herzlich. - Hajos Faszination für Bee kam ins Wanken.

Seine Eindrücke von Jenny waren knapp. Sie interessierte ihn nicht weiter. Sie war fast so groß wie Bee. Ihre unten schlanken Beine nahmen nach oben unverhältnismäßig an Umfang zu. Und in der Turnhose steckte ein Körper, der eindeutig von kleinen Fettringen umgeben war. Ihr Oberkörper wirkte muskulös. Ihr freundliches Gesicht beherbergte zwei kleine, kugelige Augen. Mehr nahm Hajo von ihr zunächst nicht wahr.

»Darf ich mich einmal daraufsetzen?«, fragte Bee Markus.

»Klar.« Markus bockte die Maschine auf den Hauptständer und half Bee, auf die BMW zu steigen.

»Das ist einfach großartig!«, strahlte das Mädchen. »Weißt du, mein Freund hat auch eine BM. Ab und zu fahren wir damit gemeinsam in die Berge. Ich liebe BM's.« Offensichtlich war ihr das W in seiner langen englischen Aussprache zu lang, so dass sie es einfach weglieβ. »Aber so tolle Krauser hat Mike nicht an seiner.« Dabei zeigte sie auf die Kunststoffpacktaschen. »Die sind sehr gut, aber auch sehr teuer«, stellte sie fachmännisch fest. Und sie nannte einen Preis, der umgerechnet etwa achthundert Mark für das Paar betrug.

»Mann, Bee, das ist ja fast das Dreifache von dem Preis in Deutschland.«

»Ah, ihr seid aus Deutschland?«

»Ja.« Markus antwortete knapp. Mit dieser Frage hatte er überhaupt nicht gerechnet. Erst jetzt wurde ihm erst klar, dass die drei Mädchen von einem sehr fernen Kontinent stammten und mit europäischen Nationalitätskennzeichen herzlich wenig anzufangen wussten.

»Wart ihr schon einmal in Deutschland?«

»Nein. Wir würden gern zum Oktoberfest nach München reisen, aber leider reicht unsere Zeit - und natürlich unser Geld - nicht. Ich würde es liebend gern sehen.« Bees Augen strahlten.

»Aber Donny und einige der anderen werden im späten Sommer nach Deutschland zum Oktoberfest gehen«, ergänzte Jo. »Das Oktoberfest muss einfach toll sein!«

»Ach, seid ihr zu mehreren hier?«

Erstmalig meldete Hajo sich wieder zu Wort. Bislang hatte er - abgesehen von der kurzen Begrüßung - wortlos das Gespräch verfolgt. Am meisten hatte ihn dabei Bees Bemerkung über ihren Freund aufhorchen lassen. Bee war eine Fremde, er hatte sie vor zehn Minuten zum ersten Mal gesehen, er kannte sie nicht, und sie ging ihn eigentlich auch nichts an. Aber die Bemerkung über ihren Freund ließ seine Gedanken sofort in Wallungen kreisen. Wieso ist sie allein hier auf einem fremden Motorrad? Wo ist ihr Freund? Wieso muss gerade *sie* einen festen Freund haben? Oder hat sie ihn gar nicht mehr? Oder ist er vielleicht sogar hier - bei den ›anderen‹? Donny - oder wie der heißt?

»Ja und nein. Wir drei reisen zusammen. Weißt du, Bee ist - wie gesagt - meine Schwester, und Jenny ist ihre beste Freundin. Die anderen haben wir erst hier auf dem Campingplatz kennengelernt: Donny, Woogie, Lynn, Jane, Freddie und einige andere. Ein starker Haufen!«

»Alle Australier?«

»Aussies und Kiwis - Australier und Neuseeländer.«

»Mhhm.« Hajos Antwort drückte wohl ein zustimmendes ›ach ja‹ aus, was immer das auch geheißen haben mag.

Mittlerweile stand Bee wieder neben dem Motorrad. »Und das ist dein Bus?«, fragte sie Hajo.

»Ja.« Zu dieser knappen Antwort nickte er stolz. Doch mehr brachte er nicht hervor. Stattdessen wühlten noch immer seine

Gedanken im Oberstübchen. Er wollte unbedingt irgendetwas sagen, bloß damit auch er ein Gespräch mit Bee in Gang brachte - aber nichts kam über seine Lippen. Wie verdammt lang doch drei Sekunden ohne Worte sein können! Er schaute unverändert das Mädchen an - und ihm wurde ganz heiß im Gesicht.

»Hei, wenn ihr wollt, könnt ihr sicherlich heute Nachmittag unsere Tour mitmachen. Die ganze Truppe mietet Skooter - und du dazwischen mit der BM - das wäre riesig!«

Markus blinzte kurz zu Hajo hinüber. »Klar, Jo!«, antwortete er dann knapp. »Find' ich klasse. Wann und wo geht's los?«

»Kurz nach zwei. Dann sind die anderen mit der Arbeit fertig. Die Skooter mieten wir oben an der Tankstelle, an der Hauptstraße direkt neben der Einfahrt zum Campingplatz. Dort treffen wir uns auch. Au, Mann! Wenn's dir nichts ausmacht, fahre ich bei dir mit?«

»Ok, Jo.« Und im Augenwinkel sah Markus amüsiert, dass Jo mit diesem Wunsch ihrer Schwester zuvorgekommen war. Bee hatte gerade angehoben, etwas zu sagen, schluckte es aber sofort hinunter.

Die drei Mädchen verabschiedeten sich. Markus zog den Reißverschluss des Zeltes zu. »So, Hajo, und jetzt gehen wir erst einmal was essen!« Dabei lächelte er den zustimmend nickenden Hajo an als wollte er sagen: »Dich hat's ja erwischt, mein Freund!«. Und Hajo schaute leicht verlegen weg.

Skooter waren nichts anderes als Motorroller. Nach dem vormittäglichen Gespräch hatten Hajo und Markus nicht mit so vielen Teilnehmern gerechnet. Ungefähr zwanzig Leute hatten sich insgesamt eingefunden. Außer Markus mit seiner BMW war noch ein weiterer Motorradfahrer auf einer Honda-Enduro mit britischem Kennzeichen dabei. Der Rest verteilte sich paarweise auf die Motorroller.

Hajo hatte noch niemals zuvor auf so einem Ding gesessen. Vorsichtig spielte er erst einmal an den Armaturen herum. Das konnte ja heiter werden. Er schaute sich nach Markus um. Der nickte aufmunternd und lachte.

»Dreh mal richtig auf! 's wird schon werden!«

Hajo verzog zum Jux die Miene zu einem verbissenen und entschlossenen Gesichtsausdruck, so wie in einem Comic ein Rennfahrer am Start wohl dargestellt sein müsste, legte sich nach vorn auf den Lenker und drehte den Gasgriff durch.

»Iiiiiooooooooooouuuuuuuuummmmmmmmmmmmm!!!«

Hajos Geräuschimitation war gut, aber bestimmt nicht zum Verwechseln ähnlich. »Na ja, erst kicken, dann starten. Mal probieren.«

Der erste Tritt war zu zaghaft.

»Fester, Hajo! Kurz, trocken, fest. Und sofort das Gas ein wenig aufmachen, dann beim ersten Ton sofort ganz auf!«

Hajo trat. Der Motor lief und heulte im nächsten Moment fürchterlich auf. Hajo hatte getan, wie ihm gesagt war - und ließ erschrocken den Gasgriff los. Der Motor lief.

»Gut. Das richtige Gefühl wirst du schnell kriegen. Ich meine so von wegen ›aufheulen‹ ...«

Jo stand mittlerweile neben Markus. Sie unterhielten sich kurz, dann stieg sie behände auf. Hajos Blicke suchten Bee und Jenny. Würden sie zusammen auf einem Roller fahren, oder jede für sich? Ihm war bereits aufgefallen, dass der Anteil fester Paare an dem Unternehmen recht hoch war. Fünf oder sechs Paare hatte er schon gesehen, die gemeinsam gekommen waren und natürlich gemeinsam jeweils auf einem Roller fuhren. Dann sah er Jenny - sie saß hinter Donny auf dem Roller. Bee stand einige Schritte weiter gemeinsam mit einem schwarzhaarigen Bartträger. Also wohl weder noch, dachte er ein wenig enttäuscht. Er kuppelte einen Gang ein und drehte vorsichtig eine kleine Runde. ‚Ha, läuft ja gar nicht schlecht!' Und eine zweite folgte. Seine Enttäuschung legte sich. Es begann, ihm Spaß zu machen. Das Ding klapperte zwar wie irre, aber ging wie Sau.

Er hielt an, um zu sehen, ob er den Ständer weniger klappernd arretieren könnte. Er stieg ab und hielt den Roller mit der linken Hand fest. Mit der rechten fummelte er unter dem linken Trittbrett herum.

»Hey, Hajo, wir beide?«

Hajo fuhr herum. Bee! Tatsächlich hatte Bee ihn gefragt.

»... ähm ... yes ...«, stammelte er freudig, um im nächsten Augenblick wieder, diesmal in die andere Richtung, herumzufahren. Im Zeitlupentempo hatte sich der Roller langsam auf die Seite geneigt und stürzte dann um so schneller mit lautem, blechernen Getöse auf den Asphalt. Hajo hatte ganz vergessen, dass er den Roller gar nicht aufgebockt hatte.

Etwas nervös hievte er den Skooter hoch. Bee half ihm. Derweil saß Markus auf dem Motorrad, lachte, zog Grimassen - aber alles so, dass weder Jo hinter ihm etwas merkte noch Bee es sehen konnte.

»Arsch!«, knurrte Hajo auf Deutsch. Glücklicherweise war am Roller so gut wie kein Schaden zu erkennen. Mit den Händen wischte er den Sitz ein wenig ab. Dann stieg er wieder auf. Bee machte es sich hinter ihm bequem.

›Au Mann, ein Motorrad ist eine feine Sache!‹, dachte Hajo, als er Bees Griff in seiner Taille spürte.

Dann ging es los.

Sie knatterten die Küstenstraße entlang nach Norden. Hinter Kerkira, der Inselhauptstadt, wurde das touristische Treiben bald ruhiger. Der letzte große Badestrand bei Ipsos lag hinter ihnen, jetzt blickten sie nur noch auf ruhige Buchten - ruhig nicht, weil sie einsam gelegen wären, sondern weil alles in Privatbesitz war. In der einen oder anderen Bucht lag eine Segelyacht vor Anker, in viele Buchten konnte man wegen der dichten Bepflanzung gleich neben der Straße gar nicht hineinsehen.

Die Straße war nach wie vor asphaltiert, doch nahmen die Schlaglöcher in erschreckendem Maße zu, und auch der hier und da lose auf der Fahrbahn liegende Sand forderte von den Fahrern hohe Aufmerksamkeit.

Bald war die Gruppe weit auseinandergezogen - teils, weil alle Skooter langsam, einige aber besonders langsam waren, teils, weil der eine oder andere Fahrer sich keine schnellere Gangart zutraute. Und einen hatte es auch bald schon erwischt: Donny. In einer leichten Kurve rutschte das Vorderrad auf Sand weg, und Skooter, Donny und Jenny lagen im Straßengraben. Glücklicherweise waren sie nicht schnell gewesen und Jenny hatte geschickt nach hinten abspringen können, doch Donny trug ein paar blutende Schrammen davon. Zehn Minuten Pause, dann fuhren sie als letzte dem Feld hinterher.

Unabgesprochen hielten Markus und Mike, der andere Motorradfahrer, die Gruppe zusammen. An Kreuzungen warteten sie, bis der letzte passiert hatte, dann zogen sie spielend wieder an allen vorbei bis zur Spitze des Feldes. Dort fuhren sie gemächlich bis zur nächsten Kreuzung mit. Manchmal fuhren sie auch gezielt zurück, um ›verirrte Schafe‹ wieder einzufangen.

So umrundeten sie den Pantokrator, Korfus höchsten Berg, und suchten sich an der Nordküste der Insel ein gemütliches Restaurant. An einer langen Tafel sitzend hatte das Volk seinen Spaß: Aussies juxten über Kiwis, Kiwis frotzelten über Aussies, die Krauts hielten sich zunächst vorsichtig zurück, stimmten aber in jedes Gelächter ein. Und alle zusammen grölten auf Kommando ihren gemeinsamen Schlachtruf: »Rörörörörörör!«, wobei das ›r‹ nicht gerollt, sondern in seiner englischen Aussprache als Kehllaut ausgestoßen wurde. Dieser Schlachtruf endete jedes Mal in schallendem Gelächter.

In dieser Truppe fühlte Hajo sich sauwohl. Wildfremde Menschen, die ihn und Hajo ohne Umschweife akzeptiert und in ihren Kreis integriert hatten. Und dazu zwei hübsche Schwestern, denen gegenüber er sich zwar keinerlei Chancen ausrechnete, in deren Nähe er aber ein wohliges Gefühl verspürte. Great!

Sie fuhren weiter nach Paleokastritsa und fanden dort einen wunderschönen Badestrand. Ein Strand - zwar weiß Gott nicht leer, aber sehr idyllisch gelegen. Steil wand sich die Straße von der Küstenhöhe hinab. In dichtem Buschwerk eines Waldes parkten sie die Roller. Direkt hinter dem Wald begann der breite, lange Sandstreifen. Die dunklen, groben Körner brannten in die nackten Fußsohlen, aber einmal ausgestreckt auf einem Handtuch oder einer Decke ließ es sich blendend aushalten.

Hajo genoss den Anblick der barbusigen Begleiterinnen. Bee hatte die typischen flachen Brüste junger Mädchen, Jo dagegen volle, straffe Brüste. Hätte Hajo die Wahl gehabt - es hätte nichts gebracht. Er hätte sich nicht entscheiden können. Jede reizte ihn auf ihre Weise.

Dieser Moment an diesem Strand war ein Traum. Hätte Hajo in diesem Augenblick gewusst, dass schon drei Monate später der dichte Wald gerodet würde und irgendwelchen Bauvorhaben Platz machen müsste, es hätte ihm einen tiefen Stich gegeben. So lagen sie da, träumten, juxten, tollten dann und wann im Wasser, cremten sich gegenseitig den Rücken gegen die Sonne ein, flachsten, genossen. Dann brachen sie wieder auf.

Nach einer weiteren Rast, diesmal im Hafen von Paleokastritsa, fuhren sie quer über die Insel zurück nach Kerkira. Besonderer Nervenkitzel dieser Rückfahrt: allen Rollern schien der Sprit auszugehen; und fast die Hälfte aller Teilnehmer blieb mit leerem Tank liegen. So richteten Markus und Mike einen Pendelverkehr zwischen der Hauptstadt - es war dummerweise schon nach acht, und nur noch eine Tankstelle in der Nähe des Flugplatzes hatte geöffnet - und den Liegengebliebenen zur Spritversorgung ein.

So war es dann schon nach neun, als alle zusammen bei Thomas, einem älteren Griechen, in der Kneipe neben dem Campingplatz saßen und Chicken 'n Chips - beileibe keine griechische Speise - aßen.

Das Gejohle angeführt von dem Schlachtruf ging weiter. Und bei Thomas gab es an diesem Abend bestimmt einen Familienkrach, denn er stimmte munter in den Schlachtruf mit ein - ein nach Meinung seiner Frau ganz und gar für einen Griechen ungehöriges Verhalten.

Pantokrator

Hajos Blick schweifte nach Süden über die Insel. Dank des Windes war die Temperatur angenehm kühl - der hochstehenden Sonne und dem wolkenlosen Himmels zum Trotz. Der Dunst verwischte die Konturen der weiter entfernt liegenden Landesteile. Und links und rechts schloss sich das Blaugrau des Meeres an.

Im Osten jenseits des Wassers stießen die Berge direkt an den Strand. Hier und da boten landgefüllte Buchten Platz für Landwirtschaft. Hajo konnte keine Grenzbefestigungen entdecken, aber dort drüben musste Albanien beginnen. So nah und doch so weit entfernt. Albanien – ein Land wie eine Insel – abgeschottet vom Rest Südeuropas und der Welt. Alles, was er von hier aus an Details erkennen konnte, war ein Lastwagen, der in einer dieser Feldbuchten fuhr.

Hajos Gedanken schweiften einige Stunden zurück. Es war ein wunderschöner Abend gewesen. Auf alte Beatles-Songs tanzten sie schnellen Rock 'n Roll und langsamen Blues. Eine Oldies-Viertelstunde in der Disco des Campingplatzes, in der sie die Welt vergaßen. Sie rockten und grölten mit bei ›Twist And Shout‹. Auf ›Nowhere Man‹ riskierten sie verwegen einen Walzer. Und bei ›Yesterday‹ drückte er sie ganz fest an sich. Er und Bee! Dann hatte er sie bei der Hand genommen und war mit ihr in die Dunkelheit der Nacht verschwunden. Er und Bee. Irgendwo draußen zwischen den Bäumen hatten sie in einem einzigen Schlafsack übernachtet. Sie hatten kaum geschlafen, und doch war die Nacht ein einziger Traum. Ein Traum, der noch immer anhielt.

Er zog Bee noch fester an sich und strich mit der Hand durch ihr langes, weiches Haar. Er wandte seinen Blick von Albanien ab und drehte sich zu ihr. Sanft glitten seine Finger über die feine Haut ihrer Wange. Er küsste Bee zärtlich.

Sie sagten nichts. Schon seit geraumer Zeit standen sie sie derart stumm und eng umschlungen auf dem Gipfel des Pantokrator und lauschten der Stille. Kein anderer Besucher befand sich zu dieser Zeit auf dem Klostergrund. Lediglich ein alter Mönch, offensichtlich einziger Bewohner der Gebäude, wandelte in größeren Zeitabständen an der Einfriedungsmauer entlang. Zwischendurch schaute Hajo dem Alten nach, seine erkennbare Genügsamkeit und Einsamkeit bewundernd.

Einsamkeit - für Hajo so weit weg wie nur irgend möglich. Der junge Mann versank vielmehr in dem warmen Gefühl der Zweisamkeit. Gemeinsam mit einem Mädchen, das er erst zwei Tage zuvor kennengelernt hatte. Sie hatte ihn im Augenblick der ersten Begegnung an Chris erinnert, doch diese Erinnerung war schon bald verflogen. Alles war so anders, für Hajo ganz neu. Weit weg von Deutschland, in einem anderen, fremden Land, in einem Kreis von Menschen mit einer anderen Mentalität, Menschen von dem Kontinent ›gegenüber‹. Viele Verkrampfungen, geistige Verkrampfungen, hatten sich bei Hajo wohl gelöst. Er genoss den Spaß mit diesem unkomplizierten Mädchen voll und ganz. Einfach mit einem Motorroller über Schotterwege auf diesen Berg zu fahren, hier oben stumm neben-, oder besser miteinander, zu sitzen oder stehen und einfach zu schauen und genießen, kleine, feine Zärtlichkeiten auszutauschen - Hajo atmete tief durch, so als ob er von diesem Augenblick möglichst viel in sich aufsaugen wollte.

Hajo schaute wieder den Mönch an. Dessen hagere Gestalt steckte in einem langen, schwarzen, einteiligen Gewand. Passend dazu bedeckte eine schwarze Kappe seinen Kopf. Ein langer, krauser Bart schmückte sein dunkles, zerfurchtes Gesicht. Die Augen blickten weder freundlich noch unfreundlich, sie blickten einfach versunken ernst. Hajo schaute in dieses fremde Gesicht. - Für ihn der erste Grieche, den er auf Korfu sah - wirklich bewusst sah.

Der junge Mann erschrak bei diesem Gedanken. Der erste Grieche ... Es wurde ihm bewusst, dass er seit zwei Tagen den Kontakt zu diesem Land verloren hatte. Er war hier und doch nicht hier. Er hat sich auf dieser Insel bewegt und doch von ihren Bewohnern nichts mitbekommen. Ein Fremdkörper inmitten eines traditionsreichen Lebens? Er verglich sich mit diesem riesigen, alles erdrückenden Funkturm inmitten der alten Klostermauern hier. Gebaut, um auf bestimmte Signale zu lauschen. Ganz gleich, in welcher Umgebung. Gebaut, um auf ...

Er schaute Bee an.

Gebaut, um auf ... - Er hatte seine Signale empfangen. Ein unbewusstes Ziel seiner Reise war erreicht. Nein, nicht dieser Reise, sondern ein unbewusstes Ziel überhaupt. Dass es gerade hier in Griechenland war, war Zufall und spielte keine, aber auch gar keine Rolle. Er hatte es bis jetzt nicht bemerkt, aber jetzt erkannte er dieses alles durchflutende Gefühl: Triumph, sein Triumph. Die Suche nach diesem Gefühl hatte ihn getrieben - er hatte es nur nicht gewusst. - Bee! Nur eine Trophäe? Er war sich nicht sicher. Er war doch verliebt! Aber dieses Verliebtsein gehörte zu dem Sieg - er spürte es in seinem Innern und hatte es nicht bemerkt, hatte es sich nicht eingestehen wollen.

Seine Arme umklammerten das Mädchen noch fester und inniger. Er spürte ihren seichten, warmen Atem an seinem Hals. Sanft presste Bee ihre Lippen auf seine Haut. Ihre rechte Hand glitt über Hajos linke Wange, um sich mit den Fingern in seinem Haar zu verkrallen. Ihren linken Arm hatte Bee unter Hajos rechter Achselhöhle durchgeschoben; Bee erwiderte seinen Druck. Ihr langes, blondes Haar wehte durch sein Gesicht. Hajo versank in ihren Armen und Haaren. Er versank ... Durch seine geschlossenen Augen schweifte sein Blick über Albanien hinaus. Er überflog Felder und Berge, Länder und Kontinente, Wüsten und Ozeane, und senkte sich in das australische Outback, schrammte am Ayers Rock vorbei, blieb an der Ostküste nördlich von Brisbane hängen. Irgendwo hier in einem kleinen Nest lebt sie - wenn sie hier ist. Lange Strände in gleißender Sonne, flache Ein- und Zweifamilienhäuser mit gepflegten Grünanlagen ... - Hajo war nie in Australien gewesen und Bee hatte ihm nicht mehr erzählt, als eine Auflistung von Ortsnamen und Himmelsrichtungen hergibt. Doch für ihn und seine Phantasie war es mehr als ausreichend.

Irgendwann mit ihr hier sein. Doch wo war ›hier‹? Wo ist ›hier‹? - Hier! ... Er öffnete seine Augen einen Spalt.

Bees Augen blinzelten ihn an. Ihr Gesicht erhellte sich zu einem weichen Lächeln.

»A great day. And a great feeling.« Sie küsste ihn nochmal. »Die Zeit hier dürfte niemals enden.« Sie berührte mit ihren Lippen nochmals die seinen, liebkoste mit ihren Zähnen seine Ohrläppchen, streichelte mit ihrer Stirn seine Wange.

Die Zeit anhalten! Räume überwinden! Halten, loslassen, halten! Hajo schaute hinab auf den Funkturm. Ganz fest halten! Und ganz weit weg gemeinsam mit Bee! Seine Augen tasteten über Bees helle Haut und ihre Sommersprossen. Dann übten ihre blauen Augen wieder ihre magische Anziehungskraft aus. Sie zogen ihn an, sie zogen ihn weg. In seinem Augenwinkel tauchte für einen Augenblick der Funkturm ganz weit entfernt und ganz weit unten auf.

»Kalispera!«

Hajo und Bee schreckten auf. Ihre Köpfe fuhren herum. Der Mönch blickte freundlich lächelnd in ihre Gesichter. Er verharrte nur kurz. Dann wurde sein Blick wieder ernst. Er wandte er sich ab und setzte seinen Weg fort. Der freundliche Mann schritt langsam auf den riesigen Funkturm zu, der bereits einen langen Schatten in Richtung Albanien warf.

Hajo schaute nach oben. Sein Blick folgte für einige Momente den beiden Vögeln, die um die Funkturmspitze kreisten.

Pantokrator - der Allesbeherrscher.

Heute und morgen

Der Fahrtwind strich kühlend über die Haut. Die hochstehende Sonne brannte stechend ins Gesicht. Schweißperlen rannen nur wenige Fingerbreit über die Schläfen und die Nasenwurzel, um dem Wind angenehme Angriffsflächen zu bieten. Lediglich in den Augen erzwang die klebrige Flüssigkeit dann und wann ein reflexartiges Zusammenkneifen der Lider.

Hajo blinzelte durch seine Liderschlitze. Außer dem kühlenden Luftzug auf seinen Unterarmen spürte er dieses leichte Jucken und Kribbeln durch feinste Staubteilchen auf seiner feuchten Haut.

»Gut, dass ich nicht hinter mir herfahre.« Seine Gedanken lenkten seinen Blick in den Rückspiegel. Die Staubfahne hinter dem Motorroller tanzte in Wirbeln über der Schotterstraße und versperrte den Blick zurück. Sie war in dieser verlassenen Gegend sicherlich weit zu sehen. Dann und wann ließen die Staubwolken die Pantokrator-Höhe gegen den blauen Himmel erscheinen, um sofort dieses Bild wieder zu verschlucken.

Den Skooter über diesen Untergrund zu dirigieren, machte ihm wenig Probleme. Er hatte sich schnell an diese für ihn ja ungeübte und neue Art der Fortbewegung gewöhnt. Gas geben, kuppeln, schalten, bremsen - als hätte er nie etwas anderes gemacht. Hajo war reif genug, sich nicht einer trügerischen Sicherheit hinzugeben. Er war halt ein Anfänger, aber er verkrampfte bei diesem Gedanken auch nicht. Blitzlichtartig dachte er dann und wann daran und setzte damit in seinem Gehirn Positionslampen, dann konzentrierte er sich wieder auf die Straße und das Drumherum.

Karge Sträucher flogen vorbei. Das monotone Jaulen des Zweitakters erzeugte im Verbund mit den optischen Eindrücken eine angenehme Monotonie. Eine Monotonie, die nur Beiwerk war. Hajo genoss dieses Kribbeln im Bauch. Und dieses Kribbeln kam aus seinem Innern und gleichzeitig von außen. In erster Linie von außen. Der sanfte Druck unterhalb seiner Rippen ließ Hajos Nackenhaare senkrecht stehen. Und in seinem Rücken fühlte er sich behütet; unterhalb seiner Schulterblätter presste sich Bees Körper weich gegen ihn. Ihr Kopf ruhte dann und wann auf seinen Halswirbeln. Und in den Augenblicken, in denen Bee ihn fester an sich drückte, durchflutete dieses betäubende Kribbeln seinen Körper.

Hajo bog in den schmalen Weg ein. Eng, zwischen Sträuchern und Gräsern schwingend balancierte der junge Mann sich und den Roller mit seiner kostbaren Fracht Richtung Meer. Oberhalb einer Bucht hielt das Paar an. Den Motorroller zurücklassend stiegen Bee und Hajo einen kleinen Fußpfad hinab zum Strand.

Dieser verlassene Winkel war menschenleer. Die beiden suchten sich einen Platz am Übergang zwischen bewachsenem Gelände und Sandstrand. Sie saßen dicht aneinander gelehnt im Schatten eines mittelhohen Strauches. Obwohl sie sich schon seit drei Tagen kannten, hatte Hajo seine Nervosität in Bees Nähe nicht unter Kontrolle. Sein Herz pochte schnell und kräftig, seine Arme und Nackenmuskeln zitterten leicht. Mutig schob er seinen rechten Arm um Bees Schulter. Das Mädchen reagierte und schaute ihn sehnsüchtig an. Auch wenn sie sonst nicht so wirkte - ihr Blick schien schüchtern. Mit seiner linken Hand strich Hajo zärtlich über Bees rechte Schläfe und Wange. Sanft zog sein rechter Arm sie näher an sich. In seinem Rücken spürte er, wie Bee seinen Druck mit ihrer Umarmung erwiderte.

Die Umwelt verschwamm. Hajos Blick fixierte Bees Gesicht und darin besonders ihre Augen. Diese Augen! ›Könnte ich sie nur immer wieder sehen!‹

Ihre Lippen berührten sich. Sanft. So unendlich sanft. Hajo hatte etwas Vergleichbares noch nie gespürt. Bee! Die gesamte Sehnsucht seiner jungen Jahre lag in diesem Namen. In diesem Augenblick war alles andere für ihn unwichtig. Sie küssten sich und vergaßen die Welt.

Hajo wollte ihr so viel erzählen und sie so viel fragen. Doch sie sprachen kein Wort. Stumm saßen sie da und schauten sich an. Und stumm saßen sie da und blickten in die Sonne über dem Horizont. Ihr Innerstes lauschte ihrem eigenen Herzschlag, und ihre Ohren folgten dem gleichförmigen Rauschen der leichten Brandung. Ein gemeinsames Wiegen, Einigkeit im Hin und Her, Auf und Ab. Die Welt lag ihnen zu Füßen. Hajos Träume kannten keine Grenzen. Was würden sie alles gemeinsam erreichen und erobern können. Wenn er sie nur dauerhaft gewinnen würde! Und für einen klitzekleinen Moment schweiften seine Gedanken zu Christine; aber nur, weil er jetzt zum ersten Mal die bisher für ihn nicht greifbaren romantische Empfindungen seiner Ex verstand.

»Bee?« Hajo überwand sich, die Stille zu durchbrechen.

»Ja?« Bees klare blaue Augen saugten Hajo in ihre Sehnsucht auf.

»Bist du zuhause allein?«

Bee verstand die ungenaue Formulierung der Frage ganz genau.

»Ich habe einen Freund, aber ...«

Hajo schluckte tief. Seine eigene Direktheit ließ ihn im Nachhinein wanken. Und Bees Antwort schnürte ihm zunächst die Kehle zu. Obwohl er doch die Antwort schon vorher gekannt hatte. Warum hatte er überhaupt gefragt? Doch ihr »aber ...« weckte schlagartig alle Träume und Hoffnungen. Er traute sich aber nicht weiter zu fragen. Er wollte nicht riskieren, seine neu zementierten Hoffnungen zu zerstören. Ihr »aber ...« war ihm wie ein Versprechen, er redete es sich zumindest ein. Und er wollte auch nicht wissen, warum Bee ihren Satz nicht zu Ende gesprochen hatte. Er wollte seine Hoffnungen nicht zerstören. Für einige Augenblicke herrschte wieder Schweigen.

»Und es bleibt dabei? Du kannst nicht noch einige Zeit hier in Griechenland oder Europa bleiben?«

»Ich kann nicht, Hajo. So sehr ich es mir auch wünsche. Es geht nicht.« Die Traurigkeit ihrer Stimme passte zu ihrem sehnsüchtigen Blick. Und nach einem Moment fügte sie hinzu: »Es hat aber nichts mit meinem Freund zu tun. Ich glaube, dass die Beziehung so oder so zu Ende geht. - Weil ich nicht mehr will.«

»Und was ist mit mir?«

»Du bist richtig. Mehr als du dir vielleicht vorstellst.« Bee schmiegte sich enger an Hajo und drückte seine Hand fest.

»Und nächstes Jahr - du kommst nach Deutschland?«

»Sicher. Nächstes oder übernächstes Jahr. Kommt drauf an, wann ich das Geld zusammen habe.«

Sie strahlten sich an.

»Komm! Wir fahren ins nächste Dorf. Mal sehen, was wir zu essen bekommen.«

Hajo nahm sie bei der Hand. Ausgelassen rannten sie in einem Bogen durch den Sand, dass es nur so spritzte. Sie schubsten und sie neckten sich. Und starteten in ein kleines Wettrennen über den Fußweg zum Motorroller.

In dem kleinen Restaurant saßen sie an einem kleinen Ecktisch. Sie blickten sich verliebt in die Augen und bemerkten den Wirt zunächst nicht.

»Kalispera!«

Sie fuhren herum und starrten in das freundliche Gesicht des Griechen. Dieser fragte sie in der Landessprache etwas. Sie verstanden nicht und zuckten mit den Schultern. Der Wirt seinerseits verstand. Er machte ihnen Zeichen, ihm zu folgen. Er ging voraus und Hajo und Bee marschierten Hand in Hand hinterher. Ihre Nasen verrieten: der Weg führte in die Küche.

Vor dem großen Herd machte der Grieche eine einladende Handbewegung und öffnete die diversen Töpfe. Die beiden verstanden. Sie blickten in jeden Topf, sieben an der Zahl. Bohnen, Kartoffeln, Kartoffeln mit Fleisch und Tomaten in einer Soße, Lammkoteletts, Souvlaki, Hackfleischbällchen, Hühnchen. Hajo und Bee suchten sich aus, was sie wollten. Den Wein dazu konnten sie noch in griechischer Sprache bestellen.

Der Wirt servierte das Getränk. Und zur Krönung stellte er, obwohl es draußen noch hell war, einen Kerzenständer mit einer einzelnen Kerze auf den Tisch und zündete sie galant an.

»Jammers!« Bee und Hajo stießen mit den Bechern an. Nach wie vor zog es Hajo die Mundmuskeln zusammen, wenn seine Geschmacksnerven mit Retsina, der nicht aus Ingers Beständen stammte, Kontakt aufnahmen. Dennoch hatte er sich an den harzigen Geschmack gewöhnt. Er mochte ihn.

»Und warum magst du nicht nach Australien kommen?« Bee blinzelte verschmitzt. Die Frage war nicht ganz fair. Denn dieses Thema hatten die beiden noch gar nicht besprochen. Sie konnte also nicht wissen, ob er wollte oder nicht.

Hajo schaute sie eine Weile stumm und nachdenklich an.

»Mögen tu ich schon. - Darüber nachgedacht habe ich aber noch nicht.« Er schwieg wieder einen Augenblick. »Ich finde eure Einstellung schon toll«, fuhr er fort. »Es scheint ja bei euch allgemein üblich zu sein, dass ihr vor eurem Berufs- und Familienleben erst einmal in die Welt reist.«

»Ist doch logisch, oder? Das einzige Ausland, das in unserer Nähe liegt, ist Neuseeland. Alles andere liegt für einen normalen Urlaub einfach zu weit weg, ist einfach jedes Mal eine Weltreise. Ihr habt's gut in Europa - setzt euch einfach ins Auto und fahrt in wenigen Stunden in andere Kulturkreise. Und verteilt das auf euer Leben.« Eine andere Sehnsucht erschien in ihrem Gesicht. Unübersehbar - sie beneidete die Europäer.

»Vielleicht sollte ich es genauso machen wie ihr. Noch während des Studiums oder direkt danach einmal auf die andere Seite der Welt.« Er schwieg wieder kurz. »Mann, das wär's! Wenn ich in den nächsten beiden Ferien einen guten Job finden würde ... es könnte gehen. Und dann komme ich im übernächsten Winter.« Hajo griff ihre Hand fester. Und er erschrak bei seinen Worten; das war ja mehr als ein Jahr Warten! Er schluckte.

Der Wirt tischte auf. Es duftete vorzüglich. Schon allein diese Bohnen. Hajo und Bee unterbrachen ihr Gespräch. Genüsslich schoben sie die ersten Bissen in den Mund.

Das Flackern von Licht und Schatten durch die Kerze an den Wänden des Restaurants verstärkte sich. Die Sonne ging langsam unter. Der Himmel hatte seine glutrote Tönung angenommen.

»Ich glaube, ich komme. Du wartest auf mich, Bee?«

»Ich werde warten. Und du?«

»Ich werde kommen!«

Tief gruben sie ihre Versprechen in ihren Herzen ein.

Reflektionen III

Ihre Augen gehen mir nicht aus dem Kopf.

Was hätte ich denn anders machen sollen? Oder können? Oder sie - Bee?

20.000 km. Rund um den halben Erdball. Verrückt!

Ich hasse Bus-Türen. Mir dreht sich der Magen, wenn ich an diesen Augenblick denke. Sie steigt ein und die Tür schließt sich. Hätte ich sie zurückhalten sollen? Oder überhaupt können? - Oh, Bee! - Hm, dabei ist es eigenartig; als wir an der Haltestelle standen, hat es mich gar nicht so bewegt. Wenn ich so zurückdenke – eigentlich war es ja eine fast gleichgültige Verabschiedung. Hatte mich ja auch schon mit allem abgefunden. War ja alles von vornherein abzusehen. Sie fährt wieder nach Hause, ich fahre wieder heim. Wir hatten unseren Spaß. Das Ende war abzusehen. Dann war es wie geplant da. Tschüs, bye bye. Alle winken. Der Bus verschwindet. Alles klar! - Aber dann! ... Es ist leer. Bee hinter dem Fenster in der Bus-Tür. Mein letztes Bild von ihr. Es ist verdammt leer.

Der sanfte Druck ihrer Arme während wir auf dem Skooter über die Insel fahren, während wir auf dem hohen Berg stehen. Während wir uns unter dem Sternenhimmel festhalten, ganz fest. Ich spüre ihn. Ich spüre ihn immer stärker. Mein Gott, es ist leer!

--- Nein!

Ging es ihr ähnlich? Und wenn nicht? Ob sie jetzt an mich denkt?

Wenigstens wissen wir, wie lange es dauern wird. Fast sechzehn Monate. Oh Scheiße!

So long ...

»Hier, dein Brief.« Hajo reichte den Umschlag an Hermann zurück.

»Danke.« Hermann warf nur einen flüchtigen Blick darauf und steckte den noch immer ungeöffneten Brief in die Hosentasche. Sein Blick schweifte wieder hinaus auf das Meer, fixierte kurzzeitig die nächstgelegene Insel.

Hajo überlegte erst, ob er seine Neugierde direkt zum Ausdruck bringen sollte. Dann überwand er sich.

»Was steht denn drin?«

»Och, nichts Aufregendes. - So, wie's aussieht, wohl nicht der Rede wert.«

›Also jetzt erst recht‹, dachte Hajo. So einfach wollte er sich nicht abspeisen lassen.

»Na komm, Hermann. Was steht drin?«

Hermann zuckte nur kurz mit den Schultern. Dann griff er in seine Hosentasche. Er fingerte den zerknüllten Umschlag hervor und riss ihn auf. Den Inhalt hielt er Hajo hin. Hajo warf einen ersten flüchtigen Blick darauf und erkannte, dass dort nur zwei Sätze geschrieben standen. Er griff das Blatt und hielt es sich vor das Lenkrad, so dass er es beim Fahren lesen konnte.

»*Tu das, was Du für richtig hältst, als wäre ich nicht da. Ich komme auch so heim.   Hermann*«

»Du siehst, es hat des Briefes nicht bedurft.« Hermann lächelte Hajo an. Dann blickte er wieder fasziniert aufs Meer.

Hajos Augen folgten seinem Blick.

Es ist alles wie gewohnt, dachte er. Was hätte sich auch ändern sollen - in eineinhalb Wochen. Methoni lebte sein Sommerleben. Irgendwo da draußen tuckerte Costas mit irgendwelchen Sommerfrischlern - höchstwahrscheinlich in der Mehrzahl oder sogar alle weiblichen Geschlechts. Inger saß auf der Bank und blinzelte verschmitzt aus ihren Kugeläugelchen. ›Ach ja, das Retsina-Fass steht auch noch da‹, schoss es Hajo durch den Kopf. Und wie selbstverständlich brannte die Sonne auf das Wasser und auf das Land mit seinen Pflanzen, Tieren und Menschen.

Aber was heißt schon ›wie gewohnt‹? Hajo war zuvor ja nur wenige Tage in diesem Ort gewesen. Gewohnt? Die wenigen

Spuren Gewöhnung waren eng verknüpft mit Christine und den Dänen. Und diese drei waren nicht mehr da.

Hajo betrachtete Hermann einige Minuten lang. Der Alte blickte nach wie vor stumm und entspannt auf das Meer. Diese Bild der Ruhe fing Hajo ein. Hermann war auch nicht mehr wie gewohnt. Hajo bemerkte die Veränderung, ohne dass er sie hätte benennen können. Denn Hermann als ruhenden Pol auf dieser Reise hatte Hajo ja schon erfahren. Und doch wirkte dieser ruhende Pol noch ruhender. Hermann strahlte eine Souveränität aus, die Hajo an ihm noch nicht erfahren hatte. Wie ein Indianer saß der Alte da, starrte aufs Meer und überblickte alles.

»Wann sind sie abgefahren?«

»Ich glaube, drei Tage nachdem du mit Markus aufgebrochen warst.« Hermann antwortete, ohne den Blick vom Meer abzuwenden.

»Und du hast dich nicht verhört?«

»Ich glaube nicht. Sie wollen zwar einen Zwischenstopp bei Christine machen, aber dann fahren sie gemeinsam weiter nach Dänemark.«

Halb fassungslos, halb bewundernd schüttelte Hajo den Kopf. »Find' ich mutig von Christine.« Irgendwie klang ein Anflug von Resignation mit. »Aber so ist sie halt.« Sehnsüchtig blickte er einige Sekunden starr zum Horizont, dann folgte sein Blick einer sich nähernden Möwe in den Himmel, die Weite suchend.

»Sollte jetzt deine Australierin hier bei uns im Bus sitzen?« Hermann gab sich Mühe, die Frage so behutsam wie möglich, aber so direkt er nur konnte zu stellen.

Hajo wurde rot. Ertappt! - Nein, nicht ertappt. So gut hatten die beiden grundverschiedenen Menschen sich auf dieser Reise doch kennengelernt. Sie kannten kein gegenseitiges Ertappen. Hajo nickte kurz und sah den Alten an. Die Röte in seinem Gesicht wich langsam einem entspannten Rosa. Hajo erkannte das Verständnis in Hermanns Blick. Der Junge konnte wieder lachen.

Die Bäume und Felder flogen vorbei. Für mehr als zehn Minuten wechselten die beiden kein weiteres Wort.

»Und bei dir?« Hajo unterbrach die Stille, ohne den Blick von der Straße zu wenden.

Hermann antwortete nicht sofort. Sein Blick blieb starr nach vorn auf die Straße gerichtet. Nach einem Augenblick schloss er sanft die Augen. Die Mundwinkel verrieten ein leichtes Lächeln, bevor er den Mund zur Antwort öffnete.

»Ich freue mich auf Zuhause. Auf meine Straße.«

»Ohne Wehmut?«

»Ohne Wehmut.«

»Hm. Du hast's gut. ...«

Hermann lächelte zu Hajo herüber. »Doch so schlimm?«

»Hmmm - na ja.« Der Seufzer kam von Herzen. Hajo dachte an Bee. Vor seinem geistigen Auge wechselte das Bild fließend in Christines Konterfei, um anschließend direkt wieder als Bee zu erscheinen und zu bleiben. Bereits drei Tage war er nun ohne sie - drei volle Tage, eine Ewigkeit. Und er hatte nicht einmal ein Bild von ihr. Nur ihre Adresse in seiner Brusttasche und die Hoffnung, ihr bald zu schreiben oder von ihr einen Brief zu erhalten. Vielleicht sogar seine oder ihre zukünftigen Urlaubspläne so zu gestalten, dass sie sich wiedersähen ... Und wieder verschwammen vor seinem geistigen Auge Bilder: Jakob, Bee, Christine, Markus, die Griechin in der Höhle. Und er sah sich selbst auf einem Motorrad, wie Jakob es besaß; er fuhr durch eine weite, wüstenähnliche Gegend; hinter ihm, sich an ihm festklammernd, saß Bee; und zwei Meter links von ihm fuhr auf gleicher Höhe Markus mit seiner Maschine, auf seinem Soziusplatz die hübsche Griechin dicht an ihn geschmiegt; und Markus grinste zu Hajo herüber und streckte gleichzeitig seine linke Hand zu einer Faust geballt mit nach oben gerecktem Daumen vor sich. Das wär's!

Hermann beobachtete ihn genau und gleichzeitig wohlwollend. ›Der Junge ist in Ordnung. Hoffentlich bewahrt er sich seine Offenheit. Wahrscheinlich ist sie ihm gar nicht bewusst.‹

»Ich hätte das Mädchen gern 'mal kennengelernt.«

»Tja, wer weiß? Vielleicht ergibt es sich einmal - sogar in unserer Straße«, fasste Hajo all seine Hoffnungen in dieser einen Antwort zusammen. »Dann machen wir ein Straßenfest.« Hajo macht mit Hermann Breuner ein Straßenfest - vor drei Monaten noch unvorstellbar.

»Oh ja - ein Superfest.« Hermann grinste und dachte an Franz, Karl und Heinrich, an Frau Michalek und ihre Familie - und an die von gegenüber, besonders an die. Der ein oder andere von ihnen hat vielleicht Verwandte in Istanbul oder weiß ähnliche Geschichten zu erzählen wie Glatzkopf Ibrahim oder der Teppichhändler.

»Mit türkischer Musik.« Und er kramte in seiner Jackentasche herum, zog eine original türkische Musikkassette hervor.

»Die habe ich in Istanbul erstanden. Auf der Straße.« Und diese Trophäe ließ ihn alle seine Stempel im Reisepass vergessen.

»Zeig her!« Hajo hielt die Hand auf und forderte die Kassette an. Hermann reichte sie.

Hajo holte die Kassette aus der Hülle und schob sie in das Radio-Cassetten-Gerät des betagten VW-Busses.

»Als Einstimmung und zur Ermunterung.« Die ersten Klänge schepperten aus den Lautsprechern.

»So long?«

»So long«, antwortete Hermann, obwohl er ja kein Englisch konnte. Und verträumt betrachtete er das Holzkreuz mit dem silbernen Körper, das vor ihm in der Ablage des Armaturenbretts lag.

Das Schild, das sie gerade passierten, zeigte ›Patras 21 km‹. In zwei Tagen würden sie zuhause sein. – So long.

Am Kamin

Das Knistern erfüllt den Raum. Bei gedämpftem Licht kuschel ich mich ein wenig stärker in den gemütlichen Ohrensessel. Gebannt starre ich in die lodernden Feuerzungen. Meine Gedanken stoßen hinein in die Glut, lassen sich von der aufsteigenden Wärme mitreißen.

Wie mag es mit Hajo, Christine und Hermann weitergegangen sein? Was ist aus ihren Träumen, Hoffnungen und Plänen geworden? Meine Gedanken kreisen oft um sie, so wie jetzt. Wie leben sie heute? – Ich weiß es nicht. Woher soll ich es auch wissen?

Sie glauben mir nicht? Ich müsste es doch am besten wissen? Wenn irgendjemand, dann ja wohl ich?

Ja, ich verstehe Sie. Aber ich muss Sie enttäuschen, da haben Sie nicht Recht. Wie soll ich das denn wissen? Ja, ich habe die drei erfunden. Sie sind mein Werk. Nicht weniger, aber auch nicht mehr. Denn die Geschehnisse initiierte nicht ich. Jedes Gefühl und jedes Erleben wurde gesteuert und gelenkt durch die Menschen, denen die drei begegneten. Menschen, die ihre Signale auffingen und selbst welche aussandten. Und diese Menschen mit ihren Handlungsweisen habe ich nicht erfunden. Sie existierten wirklich. Für meine Neugierde ist das fatal!

Ich nippe an meinem Glas Rotwein. Ein herrlich weicher Wein. Trotzdem versucht meine Fantasie mir vorzugaukeln, das sei Retsina. Soll sie doch! Ich genieße auch das.

Das Licht des Feuers verschwimmt in meinen Augen. Dann wird der Blick wieder klar und ich sehe die Funken aufsteigen. Ein Kamin ist wie die Geschichte, die ich Ihnen erzählte. Er zeigt die verändernde Wirkung der Flammen und die Glut. Er lässt den Betrachter mit aller Wärme teilhaben am Funkenaufstieg – aber nur ein kurzes Stück. Dann sind die Funken hinter dem Kaminsimms verschwunden. Ich sehe sie nicht mehr. Es bleibt mir verborgen, wie ihr weiterer Weg ist. Welche Richtung schlägt ihr Flug ein? Wie heftig tanzen sie im Nachthimmel? Und wie hoch schaffen sie es? Ich sehe sie nicht mehr und auch nicht die Sterne, auf die sie zusteuern. Der Kamin zeigt mir nur den Beginn und einen Ausschnitt. Der Rest ...?

Mein Blick fällt auf den kleinen Pappkarton mit losen Fotos, den ich mir zu Beginn meiner abendlichen Ruhestunde aus dem Schrank geholt hatte, um nebenher ein wenig darin zu stöbern. Obenauf liegt das Foto, das ich vor einigen Minuten als letztes in der Hand hielt: ein Bild vom Gipfel des Pantokrator mit dem kleinen Kloster, das einen riesigen Funkmasten umgibt. - Ja, Sie vermuten richtig. Ich war dort. Dort und auch an anderen Orten, die Sie jetzt kennengelernt haben. Ich hatte mich dazu hinreißen lassen, Hajos Reise nachzufahren und die Orte und Menschen zu suchen. Ich gebe zu, ich fand weniger, als ich erhofft hatte. Aber meine Hoffnungen waren sicherlich zu hoch geschraubt. Oder hatte ich im Ernst erwarten können, in Istanbul im Basar oder drumherum nur mit seinem Namen und ansonsten ohne konkreteren Anhaltspunkt Glatzkopf Ibrahim zu finden? Ich fand ihn natürlich nicht.

Die Orte der Reise existierten – aber das wusste ich ja vorher. Den Olymp, Epidauros, Mistras, und, und, und erfindet man nicht. Doch die Menschen, denen Christine und Hajo dort begegneten und die ihr gemeinsames weitere Handeln bestimmten, waren natürlich jetzt nicht mehr dort – sie waren ja selbst Reisende auf ihrem Weg gewesen. Wo mögen sie heute sein?

Doch halt! In Methoni fand ich mehr als erhofft. Ich traf ihn, den Fischer. Und auch die Schwedin lebte noch dort. Und selbst andere Personen, die allenfalls am Rande auftauchten, bekamen in der Realität ihr Gesicht. Selbst Lakis, der Blinde. Nun ja, ich hatte es ja auch einfach – ich kenne ja ihre richtigen Namen.

Ich traf auch den einsamen Mönch auf dem Pantokrator. Wobei ich meine Hand nicht dafür ins Kaminfeuer lege, dass es noch der gleiche Mönch war wie der, dem Hajo und Bee begegnet waren. Ich sprach zwar mit ihm, doch Mönche sehen auf den ersten Blick sowieso gleich aus, und seine originale Stimme hatte ich ja nie gehört. Mir wurde ja nur über ihn berichtet.

Das Knistern zieht meinen Blick wieder in die Flammen. Ein leichter Verpuffungsknall setzt einen besonders dichten Schwarm Funken in die Freiheit. Im Kreise tanzend stieben sie nach oben.

Ob Hajo und Bee sich wirklich wiedersahen und mehr aus ihrer Liebe machen konnten? Der halbe Globusumfang als Band der Liebe und gleichzeitig als Funkstrecke für ihre weiteren Signale ist schon heftig. Ich werde wohl nie wissen, was aus ihnen wurde. Nur darüber fantasieren.

Aber damit bin ich jetzt nicht mehr allein. Fantasieren wir – jeder für sich, und doch gemeinsam – Sie und ich. Ich erhebe mein Glas auf Sie.

Zum Wohlsein! Und Willkommen im Club!

ENDE

Über den Autor

Rudy Namtel, gebürtiger Westfale, schreibt sowohl Kurzgeschichten als auch Novellen und Romane.

Kleine Alltäglichkeiten finden sich in seinen amüsanten Short Stories als Keimzellen des Vergnügens - doch nicht ausschließlich. Namtel lässt sich nicht auf bestimmte Genres festlegen und schreckt auch vor Persiflagen auf Hollywood-Streifen wie in »Dragos Blutspuren« nicht zurück. Humoristisches mit starkem Regional-Einschlag wechselt mit Kriminal-Stories oder überzeichneten Parodien. In seinen längeren Werken spielen Länder oder bestimmte Orte gewichtige Neben-rollen (wie in seinen Romanen »Signale« und »Watt-Grab«) oder sie liefern historische Hintergründe (wie in der Novelle »Nebelmann«) oder beides zusammen (wie in »Descriptio Loci«).

Der Vater zweier Kinder lebt mit seiner Familie in einem hessischen Dorf.

Weitere Werke

Taschenbücher von Rudy Namtel:

»Der Nebelmann kommt aus dem Nichts – und nicht allein« –
Eine Collection mit »Nebelmann« und sechs Kurzgeschichten

»Nebelmann – Eine Liebe auf Wangerooge« –
Single-Edition der Novelle

»Das Herz des Potts schlägt am Kanal« –
Fünf Geschichten aus dem Pott in der Sprache des Potts

»Signale« -
Beschreibung einer nicht ganz planmäßig verlaufenden Reise
durch Land und Liebe

»Rudy Namtel's Cover Art« –
Cover-Entwürfe für die Bücher des Rudy Namtel

»Dragos Blutspuren« -
Geschichten für Liebhaber von Blutsauger-Stories und Hasser von
Vampir-Geschichten gleichermaßen. Ehrlich!! - Spaß pur!!

»Descriptio Loci – oder die Spuren des Paters« –
Thriller. – Eine 800 Jahre alte Jagd wird wieder aufgenommen ...

»Vandark« -
Ein Spooky-Abend am Kamin.
Melanie gerät in eine illustre Abendrunde auf dem Gut Vandark.
Spukige Geschichten gewürzt mit einem Schuss Krimi und einer
winzigen Prise Vampir.

»Krimi-Reise Reloaded« -
Sieben Krimi-Kurzgeschichten.

»Summertime Blues in Love« -
Variationen über eine Begegnung und andere Short Stories.
Sieben Kurzgeschichten und ein Gedicht.

»Watt-Grab – Die Tote vor Wangerooge« -
Im Watt wird die Leiche einer Frau gefunden. Eine Touristin
verschwindet spurlos. Bianca Weeger ermittelt – und gerät selbst in
Gefahr. Und da ist noch die junge Julia ...

»Wangerooge – Faszination im Bild« -
Ein Bildband über die Insel im Wetter und im Licht. Mit
beeindruckenden Farbspielen.

»Gesamtausgabe 1 – 2012/2013« -
Alle Bücher der Jahre 2012 und 2013 in einem Band.

»Entscheidung in Taos County« (J. Jones-Joyce) -
Eine junge Frau erlebt den Summer of Love. Über vierzig Jahre
später bereist ein junger Mann die USA. Die Lebenslinien treffen
sich. Ein Leben wird bedroht ...

Die meisten Werke sind auch als eBook erhältlich.

Mehr im Internet unter **www.RudyNamtel.de**